KB191291

누군가의 천로역정

김상배 지음

진정한 유산을 물려주려는
그리스도인을 위한 메시지

최근 수년 동안 읽어왔던 그 많은 책 중에 이보다 내 영혼에 감동을 주었던 책이 있었던가! 이 책은 저자가 자신의 있음을 감싸고 있는 부모님의 향기를 글로 정리한 것이다. 볕보다 그늘이 많았지만, 그 그늘로 인해 더욱 빛났던 부모님을 기록하다가 그 너머에 계신 하나님을 만나는 이야기다. 이 책은 자식이 부모를 기록하는 일이 얼마나 소중하고 귀한 일인지를 깨닫게 한다. 저자의 고백처럼 부모를 기록하지 않으면 부모의 삶은 없는 것이나 마찬가지다. 기록으로 남길 때 비로소 부모님이 존재케 되니 진정한 자식의 도리일 것이다. 그리고 내가 있다는 것은 부모가 계심이고, 성숙한 신앙은 반드시 유산으로 이어진다는 것이다.

이 책은 또 다른 가치를 가지고 있다. 1907년 평양에서 시작된 성령의 역사를 미시사적으로 보여준다. 소위 '평양 대각성'을 명망가 중심과 거시사적으로는 다루어 왔지만 평범한 개인과 그의 가정을 통해서 조명되지는 못했다. 성령이 역사하실 때 어떤 열매가 맺히는지를 저자의 부모님과 주변 가족들을 통해 보여준다. 성령이 임하시면 무엇보다 삶의 중심에 하나님과 말씀과 교회가 있게 된다. 어디로 가든지 무슨 일을 하든지 교회를 중심으로 하나님의 뜻을 좇게 된다. 그리고 어떤 상황 가운데서도 합력하여 선을 이루시는 하나님을 신뢰하며 인내하게 된다. 그러나 가장 두드러진 현상은 하방연대下方聯隊하고 개문유하開門流下하는 것이다. 이는 십자가 부활로 자기를 부인하고 십자가를 지는 신앙, 다시는 자기 자신을 위해 살지 않고 오직 그리스도와 이웃을 위해 사는 신앙으로 기독교 복음의 진수이다. 저자의 부모님은 한평생 이런 삶을 사셨다. 부족한 점이 한없이 많은 분이라고 했지만 그 삶의 방향은 저자의 표현대로 '밑지는 삶'이었다. 이 '밑짐'으로 많은 사람을 옳은 대로 돌아오게 했다.

저자는 부모님의 삶을 통해서 한국교회의 변화까지 읽었다. 순수했던 한국교회가 성장주의와 물신주의, 그리고 개교회주의에 물들면서 세속화의 길로 접어드는 것을 놓치지 않았다. 한국교회를 비판하기 위해서가 아니라 부모님을 기록하다 본 현실이었다. 그러나 이 현실에 굴하지 않고 교회를 사랑하고 하나님의 뜻대로 사는 성도의 아름다운 삶을 이 책을 통해서 만날 수 있어서 얼마나 감사한지 모른다. 저자가 이렇게 살아오신 부모님을 기록하면서 한 번도 빠뜨리지 않은 고백이 있다. 부모님께 이런 마음과 삶을 주신 분이 하나님이라는 것이다.

이 책을 읽는 분마다 어떤 형태로든 부모님을 기록에 남기는 도전을 받았으면 좋겠다. 세상의 모든 부모, 특히 믿음의 부모는 저마다 천로역정의 삶을 사셨기 때문이다. 이런 부모님들의 기록들이 많아질수록 세상은 더욱 밝고 복될 것이다. 가족을 넘어 이웃을 이해하고 사랑하는 하나님의 나라가 펼쳐질 것이다.

가나안농군학교 교장 오세택

개똥쑥 예찬

"형님! 거기 강화도에 개똥쑥 있어요? 개똥쑥이 어느 약제보
다 항암성분을 많이 지니고 있다고 하네요."

"개똥쑥? 전혀 모르겠네… 어떻게 생겼는데?"

지난 여름, 서울 막내 동서로부터 개똥쑥을 찾는 전화가 있
었다.

덕분에 개똥쑥의 효능을 알게 된 얼마 후 집 옆 콩밭에서
1.5m 크기의 이름 모를 풀나무가 눈에 들어왔다. '혹시 이게 개
똥쑥인가?' 하는 생각이 뇌리를 스쳤다. 풀나무를 건드려 보았
다. 옛날에 자주 맡았던 냄새가 코를 찔렀다. 밭두렁이나 뚝방
에서 토끼풀이나 꼴을 벨 때 건드리면 몹시 역겨운 냄새를 풍
겼기에 토끼나 소도 먹지 않았던 들풀이었다. 냄새는 변함없이
그대로였다. (아쉽게도 그 후 밭 도둑이 들어 우리 집 밭에 있는 그 풀나무를 잘라
간 탓에 더 이상 볼 수 없었다.)

며칠 후 읍내에 있는 한약 건재상을 방문했다. 그곳에 진열
된 수백 가지 약초를 살피던 중 우리집 밭두렁에서 고약한 냄

새를 풍기던 풀나무가 큰 자루에 가득 들어있는 것을 보았다. 반가운 마음에 나는 한 움큼 잡아 냄새를 맡았다. 이게 웬일인가? 생김새는 똑같은데 코를 찌르는 악취는 온데간데없이 향기로운 냄새가 나고 있었다.

이게 개똥쑥이냐 묻자, 주인장은 개똥쑥이 맞다고 대답했다. 나는 가격이 얼마인지, 어떤 효능이 있는지, 어떻게 먹는지 자세히 물어보았다. 건재상 주인은 항암효과가 높아 가격이 수월찮게 비싸고 당뇨에도 좋다고 일러주었다. 그 말에 당뇨병을 앓고 있는 집사람 생각이 났다.

다시 마른 개똥쑥을 한 움큼 쥐어 들었다. 그리고 향기로운 냄새를 몇 번이나 삼켰다. 그 역겨운 냄새는 어디로 간 걸까? 오늘, 이 가슴 속 깊은 곳까지 삼켜 풍만하게 차는 그 냄새가 얼마나 향기로운지!

개똥쑥 향기 덕분에 있지도 않은 당뇨 수치가 내려가는 것 같았고 내 몸속에 있을지 모르는 암세포가 멀리 도망가는 것 같았다. 향기로운 냄새를 여러 차례 삼킨 후에야 발걸음을 집으로 옮겼다.

무익한 것으로 여겼던 그 풀나무가 약초라는 걸 알게 된 후 세상에 쓸모 없는 풀나무는 없다는 생각이 들었다. 단지 내가 그 존재 가치를 모를 뿐이었다. 풍기는 냄새가 변하면 같은 사물에 관한 인식도 바뀐다는 사실을 깨달았다. 그러기에 때로는 우리의 생각을 바꿔가며 사는 것도 인생의 지혜임을 알게 되었다.

또 다른 여름을 맞았다. 들에서 거둬 말린 개똥쑥을 창고에서 한 움큼 꺼내어 가슴속 깊이 들이켰다. 그 향기에 취해 '씨익'하고 웃음 지어본다.

몇 해 전 아버지가 쓴 개똥쑥에 관한 글을 읽었습니다.

개똥쑥. 이름만큼이나 천대받았을 들풀이 이토록 쓰임새가 있다는 사실을 깨닫고 기뻐하시는 아버지의 모습이 떠올랐습니다.

그렇습니다. 쓸모없는 풀은 없습니다. 다만 우리가 용도를 모를 뿐이지요. 들풀만이 아닙니다. 사람 역시 마찬가지입니다. 세상에 쓸모없는 사람은 없습니다. 온 천하보다 한 영혼을 귀하게 여기시는 하나님께서 모든 사람에게 저마다 소중한 가치를 부여하셨기 때문입니다. 따라서 모든 이의 삶에는 나름의 가치가 있습니다. 부모님의 삶도 예외는 아닐 것이란 생각이 들었습니다.

개똥쑥을 몰라보셨던 아버지처럼 나 역시 제대로 알지 못한 채 아버지와 어머니 곁을 무심코 지나가고 있는 건 아닐까? 개똥쑥의 향기 대신 악취만 맡았던 아버지처럼 부모님 인생의 깊은 향기 대신 얕은 냄새에 얼굴을 찌푸리고 있는 것은 아닐까?

사람의 삶은 다 거기서 거기입니다. 멀리서 보면 찬란한 삶
도 다가가 보면 뿌옇고, 그늘진 인생 중에도 피어나는 꽃이 있
는 법이죠. 어느 순간을 부각하면 영웅인 사람도 다른 찰나를
들추면 죄인이기 마련입니다. 저희 아버지와 어머니도 그렇습
니다. 숱한 실패와 민망한 장면들 가운데 가끔 부끄럽지 않은
조각들이 있을 뿐입니다.

별보다 그늘이 많은 부모님 인생이었지만 그 속에서 역사하
신 하나님은 눈부셨습니다. 부모님은 고약한 냄새를 풍기는 개
똥쑥처럼 고단한 삶을 사셨지만, 하나님의 손길로 그 가치가
날로 날로 다듬어졌기에 두 분의 냄새는 어느새 향기로 바뀔
수 있었습니다. 그리고 저는 미처 알지 못했던 그 향기를 글로
옮기게 된 것입니다.

이 책을 읽는 모든 분이 하찮은 우리를 귀한 존재로 거듭나게
하신 하나님의 은혜를 깨닫고 부모님을 이해하는 계기가 된다
면 저에게는 더할 나위 없는 기쁨이 될 것입니다.

2023년 벽두 신정동 서재에서

목차

지킴

부모님의 전원생활 · 아버지의 필사성경 · 식을 줄 모르는 어머니의 기도 열기 · 아버지의 명예장로 임직 · 미안하다, 고맙다, 사랑한다 · 자녀의 자리를 지키면 하나님이 지켜주신다

새김

아버지가 심은 채송화와 봉숭아 · 약자 바보 아버지 · 국회의원 후보 기호 추첨 때 있었던 일 · 배려는 또 다른 배려로 이어진다 · 강해질 수밖에 없었던 어머니 · 기도도 질기게 하시는 어머니 · 구조대원 어머니 · 죄는 쫓아내지만 죄인은 부르시는 하나님 · 아버지와 어머니의 같은 점과 다른 점 · 믿겨도 괜찮아 · 믿겨서 행복해 · 내 앞으로 계산하라 · 길갈의 열두 돌

외침

후레자식의 기도 · 베드로의 부인, 막내의 부인 · 말씀을 붙잡고 다시 일어서다 · 하나님을 보여주신 이웃들 · 고마운 연탄재 · 슬퍼할 줄 알아야 사랑할 수 있다 · 좋은 점을 바라볼 수 있는 눈 · 부모님과 나 사이 담벽을 허신 하나님

아버지의 글_ 모깃불 · 세월 그리고 인생 후반
닫는 글_ 내 삶 속 하나님 자랑
작업 스케치_ 부모님과 꼬박 하루

만남

만남은 운명이다.
누굴 만나느냐에 따라 삶은 달라진다.
만남은 우연일거라 생각했는데
우연은 되풀이 되고 있었고
그것은 필연임을 알았다.
하나님을 만나는 순간이었다.

만남

또 미리 정하신 그들을 또한 부르시고 부르신 그들을 또한 의롭다 하
시고 의롭다 하신 그들을 또한 영화롭게 하셨느니라 _로마서 8장 30절

증조부는 마을 유지셨다. 김포 끝자락 은행정銀杏亭 참봉이셨
던 그는 한량 기질 탓에 물려받은 전답을 많이 탕진하신 뒤 36
세에 작고하셨다. 이때가 을사늑약 즈음, 증조부가 낳은 5형제
중 막내였던 우리 할아버지가 코흘리개셨을 때다.

지게 지는 여섯 살 꼬마

술과 노름과 여자로 많이 없애긴 했지만 그래도 증조부는 적
지 않은 땅을 남기고 떠나셨다. 하지만 장자상속의 관례에 따라
모든 재산은 백종조伯從祖(큰할아버지) 몫이었고 어린 나이의 할아
버지는 형님 댁에서 성장하셨다. 법 없이도 살 수 있는 착한 농

부였던 할아버지는 서른을 넘기고 난 뒤에야 경기도 광명光明 출신의 열여덟 살 처녀와 가정을 꾸렸다. 우리 할머니였다. 이로부터 십여 년 후 조부모님은 1941년 한가위 전날, 둘째 아들인 아버지를 낳으셨다. 아버지 위론 형과 누나가 한 명씩 있었다.

해방 이듬해, 40대 중반의 할아버지가 돌아가셨다. 아버지가 여섯 살 때였다. 열네 살 큰아버지가 명목상 호주가 되었고, 서른을 조금 넘긴 할머니는 청상과부가 되었다. 남편을 잃은 할머니는 젖먹이 막내까지 네 남매를 홀로 키워야 할 처지에 놓였다.

할머니는 점잖고 성실한 분이셨다. 동네 사람들 모두 자상하고 경우 바른 할머니를 좋아하며 따랐다. 늘 곧은 성품과 바른 마음가짐으로 이웃들의 인정을 받으셨고, 할머니의 중재로 얼굴을 붉히며 다퉜던 사람들이 화해하는 일도 많았다. 할머니께선 동네 사람들뿐만 아니라 타지에서 들어온 외지 사람들에게 많은 사랑을 베푸셨다. 동네로 들어오는 유기그릇이나 생선을 파는 장사치들은 어김없이 할머니 댁으로 왔다. 할머니는 멀리서 온 그들을 언제나 환대하시며 재워주시고 따뜻한 밥상을 차려주셨다.

결혼할 때 할아버지가 큰집으로부터 받은 재산이 땅 380평이었는데, 할머니는 십여 년 만에 전답을 1,200평으로 늘리셨다. 무엇보다 할머니의 성실함과 올바른 몸가짐 덕분이었다. 증조부의 맏아들, 즉 아버지의 큰아버지 역시 매우 성실한 분이셨다. 따라서 선친이 탕진한 재산을 상당 부분 회복하셨다. 이분께서는 젊은 나이에 홀로 된 막내 제수씨인 우리 할머니를 물심양면으로 많이 도와주었다. 도움은 이분이 돌아가신 후 아들 대까지 이어졌다. 종가宗家의 장조카가 제집 일꾼들을 시켜 막내 숙모인 할머니 댁 논밭을 갈고 김을 매주는 일이, 아직 제대로 된 노동력이 되지 못했던 어린 나이의 아버지 형제들에겐 더없이 고마웠다. 이런 연유로 종가는 10대 후반 아버지에게 의미 있는 성장배경이 되었다.

할아버지를 여읜 직후부터 아버지는 지게를 졌다. 여섯 살 때였다. 동네 아저씨 한 분이 제 어머니를 잘 도와드리는 모습을 기특해하며 꼬마 몸집에 맞도록 지게를 만들어주었다. 아버지는 그 지게를 지고 산으로 나무를 하러 다니셨다. 아버지보다 연세가 예닐곱 살 많은 당조카 김경○ 여사는 어릴 적 아버지를 착한 사람으로 기억하고 있다.

"막내 할아버지 댁 둘째 아저씨는 참 착하셨어요. 큰집인 우리 집은 물론이고 대여섯 김씨 일가 심부름을 도맡아 하셨죠. 은행정 곳곳을 다부지게 돌아다니던 아저씨 모습이 생각

납니다."

출생신고를 늦게 한 탓에 아버지는 아홉 살 때 신정국민학교
(현 신정초등학교)에 입학하셨는데, 다음 해 초여름 한국전쟁이 일
어났다. 발발 직후부터 석 달간 은행정을 점령했던 인민군들은
종가 사랑채를 막사로 썼다. 할머니는 부뚜막에 종가 장손주
와 난리 통에 동네로 스며든 피난민 아이들이 같이 있으면, 장
손주가 아니라 피난 온 집 아이들에게만 누룽지를 긁어주셨다.
부잣집에서 잘 먹는 피붙이보다 배곯는 아이들을 더 배려하셨
던 것이다.

예수님을 만난 소녀

외할아버지는 빨치산이었다. 내가 이 사실을 알게 된 건 불
과 10여 년 전 외할아버지 사후 50년, 외할머니가 돌아가신 다
음에도 15년 이상 시간이 흐른 뒤였다. 일제 말기 전북 고창高
敞에서 군청 공무원으로 일하던 그는 손위 처남의 영향을 받아
좌익사상에 심취하셨다. 좌우 이념이 극렬히 대립하던 미군정
시기, 외할아버지는 20대 초반의 아내, 서너 살 큰딸과 피붙이
작은딸을 놔두고 입산하셨다. 아내가 지어 나르는 밥을 먹으며
산에서 숨어 살던 외할아버지는 여순 사건 이후 조여 오는 포

위망 속에서 당신 목숨을 살리려다 형님이 총을 맞고 돌아가셨는데도 전향하지 않았다. 그러나 가족들의 끈질긴 설득 끝에 마침내 동란 발발 직전 산에서 내려와 육군에 자진 입대, 10여 년 군 복무를 했다. 5·16 이후에는 재무부 간부로 근무하셨다.

외할아버지는 가족들을 전혀 돌보지 않았다. 남편이 외지에서 근무하면서 가족들과 연락을 끊다시피 하자 외할머니는 어린 두 딸을 키우며 어렵사리 생활하셨다. 급기야 작은 부인을 얻어 딴 살림을 차린 뒤 아들을 낳은 외할아버지는 자신이 사는 대구로 큰딸인 어머니만 데려가 키우셨다. 그러나 얼마 뒤, 열한 살 어머니는 외할아버지 곁을 떠나 다시 외할머니가 계신 고향으로 돌아오셨다. 외할아버지의 무관심이나 어머니가 '작은어머니'라고 부르던 외할아버지 세컨드의 괄시 때문은 아니었던 것 같다. 그래야 아빠와 엄마가 이혼하는 일을 막을 수 있다고 생각했기 때문이었다. 어머니의 성장기는 이처럼 복잡하고 섬뜩했다.

얼마 뒤 휴전이 이뤄졌다. 하지만 평화라고는 찾아볼 수 없는 집안, 생과부가 되어 생활고에 찌들대로 찌든 엄마, 떠나는 자신에게 몹시도 미안하고 또 서운했을 아빠, 그리고 어린 동생…. 세상을 너무 일찍 알아버린 바로 그때 소녀에게 예수님이 찾아와 만나주셨다.

어머니에게 예수님을 전해주신 고마운 분은 어머니의 은사였다. 고향으로 돌아와 입학했던 학교를 다시 다니기 시작하신 어머니는 선생님과 몇몇 친구들이 함께 교회에 다닌다는 걸 알게 되었다. 그 이후 어머니는 무슨 이유에서인지 교회에 가고 싶어 못 견딜 정도가 되었다. 그러나 선생님과 친구들 어느 누구도 어머니에게 교회에 가자는 말을 하지 않았다. 견디다 못한 어머니는 꾀를 내셨다.

어머니는 외할머니를 졸라 선생님과 함께 교회에 다니는 친구들을 토요일 저녁 집으로 초대했다. 식사 후 선생님은 어머니 댁에서 주무셨고, 어머니는 친구들과 함께 요즘 말로 파자마 파티를 했다. 이튿날 자연스럽게 교회에 따라서 갈 수 있다는 어머니의 구상이었다.

그러나 다음날, 아침밥을 먹은 선생님과 친구들은 교회에 가자는 말도 없이 어머니 가족들에게 감사 인사를 드리며 집을 나섰다. 어머니의 계획이 수포로 돌아가고 있었다. 그러자 어머니는 선생님을 향해 왜 나에게 교회에 가자는 이야기를 하지 않냐고 따졌고, 그제야 제자의 의도를 알아채신 선생님은 어머니를 데리고 교회로 향하셨다.

이렇게 해서 어머니는 처음 교회에 가셨다. 어머니는 이날 인근 학교 교장이셨던 장로님이 '사랑하는 자들아 주께는 하루가 천 년 같고 천 년이 하루 같은 이 한 가지를 잊지 말라(베드로후서 3:8)'는 본문으로 설교하셨던 것까지 또렷하게 기억하고 있다. 당시 토속신앙을 갖고 계셨던 외할머니께선 어머니가 교회에 갈 때마다 싸리비를 들고 대문 밖까지 좇아오시며 못 가게 하셨다. 하지만 어린 나이의 어머니는 반대를 무릅쓰고 믿음을 키워가셨다. 얼마 뒤 이모도 두 살 위 언니를 따라 교회에 나가기 시작했다.

몇 년 후 혈혈단신으로 상경하여 대성목재에 취업하신 열여섯 살 어머니는 회사와 가까운 문래동 영은교회를 섬기셨다. 이때 영은교회에는 나중에 영락교회로 가신 박조준 목사님이 담임으로 계셨는데, 어머니의 열정 가득한 믿음을 예쁘게 보신 박 목사님이 어머니를 두 번이나 중신을 서시려 했다.

어머니는 누구보다 열심히 목재를 나르고 정리하셨다. 사업이 잘되자 회사는 주일 근무를 시키기 시작했고, 어머니는 어렵게 얻은 직장이었지만 주일성수를 위해 그만두셨다. 얼마 후 어머니는 기독교 정신을 실천하며 빠르게 성장하고 있는 대한모방 사장에게 편지 한 통을 보내셨다. 자신은 주일성수를 위해 사직했으며 하나님을 잘 믿는 회사에서 믿음을 지키며 열심히 일하겠다는 내용이었다.

50년대 말 대한모방 취직은 '하늘의 별 따기'였다. 전국에서 수많은 사람들이 일자리를 찾아 영등포 일대로 몰려왔고 그 중에서도 인기 있는 회사였기 때문이다. 그러나 진실한 신앙이 담긴 편지를 읽은 사장은 300명 넘는 지원자 가운데 10명을 채용했는데 그중 한 사람이 어머니였다. 어머니는 그때부터 결혼하실 때까지 7년간 이 회사에서 성실하게 일하셨다.

아버지의 낙방과 예수님 영접

　해방 몇 해 전부터 은행정으로 외지 사람들이 조금씩 들어오기 시작했다. 서울과 인천을 잇는 교통요지가 되어 1930년대 중반 서울로 편입된 영등포와 가깝기 때문이었다. 이에 따라 아버지의 출생 시기인 1940년대 초의 동네 분위기는 개방적이면서도 어수선했던 것 같다. 그래도 은행정은 경공업 지대로 발전한 영등포와는 전혀 다른 전형적인 농촌이었다. 거리는 가깝지만 영등포로 가려면 안양천을 건너야 하는 불편함 때문이었다. 성장기 아버지 역시 은행정에서 중학교를 가려면 안양천이라는 장벽을 넘어야 했고, 한강까지 건너가려면 하숙을 해야 했다. 때문에 200호가 넘는 큰 마을 은행정에서 자식들을 중학교에 보내는 일은 매우 드물었다. 이런 은행정에는 초기 선교사 활동 시기는 물론, 이후 일제 강점기를 지나 해방을 맞을 때까지도 복음의 씨앗이 들어오지 못하고 있었다.

아버지는 신정국민학교에서 줄곧 수석을 하셨다. 담임선생님은 할머니에게 아버지를 경기중이나 서울사대부중에 보내자고 권유하셨다. 그러나 가난한 살림의 홀어머니는 둘째 아들의 서울 유학을 엄두 낼 수 없었다. 결국 아버지는 도심의 학교 대신 집에서 다닐 수 있는 학교 중에서 가장 셌던 영등포중학교에 장학생으로 입학하셨다.

지금은 동작구로 들어가는 학교까지 아버지는 한 시간 반 넘게 걸어서 등교하셨다. 왕복 세 시간씩 통학하면서도 집에 돌아와서는 늦은 밤까지 집안 부업으로 새끼줄을 꼬셨다고 한다. 졸업반이 되자 아버지는 국립 교통고등학교(이후 교명을 철도고로 변경)를 목표로 잡으셨다. 당시 이 고등학교는 전원 국비 장학생이었고 졸업생은 모두 철도공무원으로 특채되기 때문에 입학이 매우 힘든 곳이었다. 아버지는 학비 부담도 없고 돈도 빨리 벌 수 있는 이 학교를 목표로 열심히 수험 준비를 하셨다. 하지만 낙방의 쓴잔을 마셨다. 운전과로 응시했으면 붙는 점수였지만 합격선이 더 높은 업무과로 응시했기 때문이었다.

진학과 생계의 두 마리 토끼를 한 번에 잡을 수 있는 방법을 놓친 아버지는 매우 중요한 선택을 해야 했다. 하지만 중학교도 어렵사리 졸업하는 아버지에게 선택지가 많은 것은 아니었다. 학비가 비싼 일반 고등학교에 입학하느냐? 아니면 진학을 포기하고 곧바로 생활전선에 뛰어드느냐? 양자택일의 갈림길에 섰던 1950년대 후반, 열일곱 살 아버지의 상황은 이랬다. 생계를 위해 홀어머니는 계속 농사를 지어야 했고 어렸을 때부터 바깥으로만 돌던 여덟 살 많은 형은 이제 막 결혼을 한 뒤 미군부대에서 일하고 있었다. 네 살 많은 누나는 갓 시집을 갔고, 밑으로는 국민학교에 다니는 동생이 있었다. 학비가 들어가지 않는 철도고에 합격했다면 이야기가 달라졌겠지만, 이런 상황에서 일반 고등학교 진학을 고집할 정도의 배짱 내지 뻔뻔함이 아버지에겐 없었다. 현실을 모르는 체하기엔 소년의 마음은 너무 약했다. 결국 아버지는 정규고등학교 진학을 포기하고 가계를 책임지겠다고 결심하셨다.

아버지가 이런 결정을 하게 된 데는 중요한 이유가 또 하나 있었다. 바로 종가와 얽힌 연유이다. 큰할아버지의 노력으로 은행정의 유력한 집안 중 하나가 된 종가는 아버지 가족들을 음양으로 많이 도와주셨다. 큰할아버지가 돌아가시자 아버지의 종형從兄, 즉 사촌 큰형님이 가계를 이었는데 이분에겐 아들이 두 명 있었다. 그러나 이 중 큰아들은 고향을 일찍 떠났고 작은아들에겐 장애가 있었다. 이에 따라 자신을 도울 사람이 반드시 필요한 상황이었다.

나이로는 큰아버지뻘 되는 아버지의 종형은 어릴 때부터 막내숙부 댁 둘째아들인 아버지의 총명함과 성실함을 눈여겨보셨다. 아버지가 낙방하자 그는 막내숙모인 할머니를 찾아와 종가 전답 12,000평의 관리를 아버지에게 모두 맡기고 싶다고 했다. 장학생이면 어떻게 해보겠지만 그렇지 못했기에 몹시 부담스러운 아들의 고교 진학, 십여 년 이상 극진하게 당신 가족들을 도와준 큰 아주버님 댁 장조카의 간청. 결국 할머니는 어차피 목표했던 학교에 못 붙은 마당에 일반 고등학교 진학을 포기한다면 종가 부탁을 들어주자고 말씀하셨고, 살아생전 단 한 번도 어머니 뜻을 거스른 적 없는 아버지는 그 뜻을 따랐다. 이렇게 해서 고교 진학 대신 당분간 직업 농부가 되기로 결심한 아버지는 미래에 대한 꿈을 포기하지 않은 채 이 보 전진을 위한 일 보 후퇴를 모색하셨다. 당시 동네에서는 드물게 중학교까지 졸업하셨지만, 이에 만족하지 않고 통신고등학교에 입학하신 것이다.

이 무렵 아버지는 덩그러니 건물만 있던 교회 앞에 낯선 사람들이 몇몇 모여 있는 모습을 보셨다. 신중한 소년은 사람들이 모여 무엇을 하는지 궁금했다. 그리고는 말없이 그들을 관찰했다. 이보다 10여 년 전인 정부 수립 직전 즈음, 은행정 윗자락의 나지막한 언덕에 작은 교회가 생겼다. 동네 이름을 딴 이 신정교회는 우리나라에선 교세가 약한 루터 교회였다. 그러나 지역에 뿌리를 내리지 못한 채 목회자가 떠나 허름한 건물만 남은 상태였는데, 휴전 이후 기독교장로회 소속 교회가 이곳에서 사역을 시작했다. 교회를 드나드는 사람들을 지켜보며 나쁜 사람들 같아 보이지 않다고 판단한 아버지는 교회에 나가기 시작하셨다. 이 교회가 아버지가 믿음 생활을 시작해 청년회에서 어머니를 만나셨고, 두 분이 결혼 이후까지 몇 년을 더 섬기셨던 곳이다.

아버지가 신정교회를 처음 나가 예수님을 만난 때는 중학교 졸업 직후였다. 비슷한 또래 여자들이 모여 있으면 빙 돌아갈 정도로 수줍음 많던 아버지가 교회 문턱을 넘게 된 이유는 아마 교회에 대한 당시 사회 전반의 긍정적 평가와 새로운 지식에 대한 갈급함이었으리라 생각한다. 더불어 배움을 제대로 잇지 못하는 현실에서 막연하나마 교회를 잠깐의 피난처로 여기셨을지 모른다. 그러나 하나님께서는 아버지에게 지식의 충족이나 잠깐 수준이 아니라 삶의 진정한 의미와 영원한 목적이 되어주셨다.

출석하신 지 얼마 지나지 않아 아버지는 앞장서서 주일학교를 섬기셨다. 일할 사람이 워낙 없기도 했지만, 그 보다 하나님의 전폭적인 주관 하심 때문이라 믿는다. 아버지는 어린이들에게 복음을 전하셨다. 또한 한 두 명씩 늘어나는 또래들과 청년회를 결성해 신앙을 키워가는 한편, 교회 내에 야학을 개설해 어르신들에게 한글과 산수를 가르치셨다. 배움에 대한 열망을 발산하지 못하는 자신을 안타까워하는 것만으로 그치지 않고, 다른 사람들에게 배움의 기회를 선사하셨다.

특히 신정교회는 기독교장로회 소속 교회의 특성상 사회 참여를 많이 강조하는 분위기였다. 물론 당시는 예장과 기장이 갈라선 지 얼마 안 된 때라 민중신학으로 대표되는 기장의 색깔이 도드라지기 전이었지만, 신정교회는 개교회주의에 함몰되어 교회 자체의 양적 성장만을 추구하진 않았던 것 같다. 아버지가 개척 초기부터 열심히 야학 활동을 하신 점이나 한 사람이 매일 1원씩 모으는 '일원은행'이라는 이름의 조합을 결성해 빈민구제사업을 벌였던 사실도 교회의 이런 특성을 보여준다.

1962년 9월 전남 순천에서 큰 수해가 발생하자 신정교회 교우들이 100원을 모아 수재성금으로 냈는데 이 내용이 일간지에 게재되었다.(1962. 9. 10. 경향신문 1면) 큰 금액은 아니었기에 명단 맨 끝에 있지만 자립도 힘들었던 교회 형편을 생각할 때 어려운 이웃을 섬기는 작은 공동체의 모습이 아름답다.

이즈음 아버지는 본가 소유 1,200평과 종가 12,000평 논밭의 농사를 총괄하셨다. 스무 명 가까운 종가 일꾼들 관리 역시 아버지 몫이었다. 어린 일꾼도 더러 있었지만 나이가 많은 사람은 아버지보다 열 살은 더 위였다. 10대 후반 아버지는 이들에게 역할을 배분하고, 업무를 지시하고, 고충을 해결해주고, 농땡이를 피지 않게 독려하고, 소출을 관리하고 계수하는 모든 일을 하셨다.

이 과정에서 농업 지식과 기술을 더욱 쌓아간 아버지는 고등학교 공부도 게을리하지 않았다. 훗날을 다짐하며 배움의 끈을 놓지 않으셨던 것이다. 또한 4·19 때 마을 청년 몇 명과 함께 영등포로 나가 시위를 하셨던 걸 보면 사회문제에 대한 관심도 놓치지 않으셨던 것 같다.

대한모방을 다니기 직전, 은행정으로 거처를 옮기신 어머니도 신정교회에 합류하셨다. 이 무렵 고향에 계시던 외할머니도 두 이모를 데리고 상경하셨다. 이때는 외할아버지가 돌아가시기 전이긴 했지만 가족들과 연락이 끊긴 상황이었기 때문에 외가 형편은 무척 어려웠다. 하지만 다행히 얼마 뒤 어머니의 추천으로 큰이모도 같은 회사에서 일하게 되자 어머니 가족의 살림은 조금씩 나아지기 시작했다.

가장 맑았던 시절의 순수한 헌신

하나님의 은혜로 신정교회는 젊은이와 어린이를 중심으로 점차 교인들이 늘어나기 시작했다. 그러자 같은 교단의 서울역 부근 성남교회가 부흥의 가능성을 기대하며 건축헌금을 지원했다. 이 교회 장로 한 분이 자신의 딸이 결혼도 하지 못하고 천국에 가자 시집보내기 위해 모았던 돈을 미자립교회 건축을 위해 봉헌하셨다. 신정교회는 이 헌금으로 조악한 건물을 헐고 콘크리트 건물을 새로 올렸다.

그의 헌신으로 엉성했던 교회는 반듯한 건물을 갖게 되었고, 그 건물 안에서 어린이들과 청년들과 어르신들은 하나님을 알아갔다. 젊고 세련된 도시 여성을 너무나 빨리 데려가신 하나님께서는 그 여성이 혼사를 치를 돈으로 세워진 교회를 통해 변두리 사람들에게 복음이 전해지도록 하셨다.

하나님 일이라면 물불 가리지 않는 어머니 성격은 신정교회에서도 그대로 발휘되었다. 교회 청소를 도맡아 하셨고 주일학교 반사로 섬기셨다. 담임목사 사례비를 받아 오는 심부름도 어머니 몫이었다. 폰 뱅킹은커녕 지로giro도 없던 시절, 어머니는 한 달에 한 번씩 버스를 두 번 갈아타고 후원교회인 성남교회에 가서 사례비를 받아오셨다.

이렇게 어머니가 교회와 회사에서 젊음을 불태울 무렵, 몇 년 전까지 교회 가는 큰딸을 핍박하시던 외할머니도 믿음을 갖게 됐다. 어머니 기도를 들어 주신 하나님 은혜였다. 이모들도 자연스럽게 교회의 일원이 되었다. 어머니 한 사람으로 시작된 하나님의 구원 사역이 불과 5~6년 만에 가족들에게 완성된 것이다. 교회 건축이 마무리되어 헌당예배를 드릴 때는 손님들에게 대접할 떡과 전을 외할머니께서 앞장서서 마련하셨다고 한다.

부모님이 회상하시는 50년대 말~60년대 초의 신정교회. 전택부 선생과 모윤숙 시인의 조카인 전대○ 목사님이 신정교회 담임으로 부임하셨던 일, 용문산기도원에서 온 자매 두 명이 찬양을 아주 은혜롭게 인도했던 부흥회, 담임목사 사례금을 받으러 갈 때마다 어머니를 언제나 따뜻하게 배려해주셨던 성남교회 이덕○ 권사님에 대한 고마움, 선린촌에서 열린 교육과정에서 들었던 가나안 농군학교 김용기 장로님의 명강의, 교회에서 행사가 열릴 때마다 마이크도 없이 사회를 보셨던 아버지 목이 항상 쉬어 있었던 일….

두 분의 청년 시절 이야기는 봇물 터진 듯 끝이 없었다.

부흥회가 열리면 빠지지 않고 발음교회와 영신교회와 도림교회를 한참씩 걸어가 참석하셨던 열심, 모든 동네사람들 눈을 휘둥그레하게 만들었던 캐나다 선교부 소속 서양인들, 신정교회를 많이 지원해준 발음교회 담임이자 김포교통 사장 이주○ 목사님이 아버지를 굳게 신뢰하셨던 일, 50여 개 교회가 궁산 밑 양천교회에 모여 열었던 성경동화경연대회에서 아버지가 당당히 1등을 하셨던 추억….

이 시절, 목동 M교회 김순○ 권사님도 부모님과 함께 신정교회를 섬겼다. 두 분보다 몇 살 아래인 김 권사님은 10살 때 사랑방에서 외국인 선교사들이 전해주는 성경동화를 듣기 시작하면서 교회를 다니기 시작했다. 아버지의 먼 일가이기도 한 김 권사님은 아버지와 어머니가 늘 부지런히 움직이던 모습을 기억하고 있다.

"교회만 가면 그렇게 기쁘고 재미있을 수가 없었어요. 그 땐 두 분 다 청년이었는데 아저씨는 어린이들과 언제나 즐겁게 놀아주셨죠. 아줌마는 정말 열심히 교회를 섬기셨어요. 두 분 모두 하나님을 똑 부러지게 섬기셨어요. 교회 건물을 지을 때 어른들이 찍어내는 벽돌을 다 같이 부지런히 날랐던 기억이 납니다. 그때는 그런 일이 하나도 힘들지 않고 되레 기뻤어요. 지금 생각해도 희망과 기쁨이 가득한 시절이었습니다."

순수와 열정으로 교회를 함께 섬기던 두 분은 자연스럽게 서로에 대해 호감을 갖게 되셨다. 아버지는 치열하게 살아가면서도 열 일 제쳐놓고 교회 일에 힘쓰는 어머니가 눈에 들어왔고, 어머니는 함박눈이 쌓일 때마다 말없이 교회 앞에서부터 마을 어귀까지 말끔하게 길을 쓸어 놓는 아버지를 주목하셨다.

어머니와 교제를 시작하실 무렵 아버지는 종가 일을 마무리
하셨다. 할머니와 아버지 모두 꼬박 3년을 도와 드렸으니 그 정
도면 충분히 보은했다고 생각하셨다. 20대에 들어선 아버지는
집안 소유 논농사에 집중하시며 농업인으로서 뛰어난 실력을
발휘하셨다. 은행정을 비롯한 현재 양천구와 강서구 전역이 경
기도 김포군에서 서울시 영등포구로 편입된 1963년, 아버지는
농림부 증산왕 선발대회에서 서울시 1등에 뽑히셨고 이후 전국
대회에서 3등을 차지하셨다.

아버지는 축산업에도 뜻을 품어 당시 수입이 막 시작된 앙고
라토끼를 사육하셨다. 또한 수요 증가를 예측하여 성수동 버섯
재배학원에도 다니셨다. 아버지는 이 학원을 전체 1등으로 수
료하셨는데 수석 수료생에게는 취업 특혜가 주어졌다. 이때가
5. 16이 일어나고 얼마 후였는데 혁명정부와 연줄이 닿았던 학
원은 우수 수료생에게 김종필 씨 소유인 서산 삼화목장에 취업
할 수 있는 기회를 제공했다. 그러나 아버지는 안정적인 직업
을 거절하셨다. 아마 그 자리가 아니어도 얼마든지 성공할 수
있다는 자신감 때문이셨을 것이다. 더불어 홀어머니를 두고 고
향을 떠날 수 없다는 생각도 이유가 아니었을까 싶다.

열혈처녀 어머니는 대한모방에서 계속 성실하게 일하셨다.
야근과 잔업과 특근을 최대한 많이 하셨고, 귀가할 때는 뱃삯

을 아끼기 위해 무릎까지 차는 안양천을 걸어서 건너셨다. 한편 방지일 목사님이 지도하시는 '등대회'라는 사내 기독교 동아리에 가입해 지방으로 전도하러 다니셨다. 큰이모 역시 같은 회사에서 어머니와 함께 어금니를 악물고 일하셨다. 스무 살 남짓한 두 살 터울의 자매는 이렇게 모은 돈으로 은행정 재래가옥을 매입했다. 외할머니 가족은 이때부터 80년대 말까지 30년가량 이 집에서 사셨다.

생활전선에서 분투하면서도 아버지와 어머니는 교회활동에도 계속 온 힘을 다하셨다. 전임 목사 사임에 따라 1962년경 최상식 목사님이 신정교회의 새로운 담임목사로 부임하셨다. 부산 출신의 최 목사님은 매우 열정적이고 강직하며 겸손한 분이셨는데 이에 힘입어 교회는 한층 힘 있게 성장해갔다. 아버지는 최 목사님을 농촌 목회의 모범을 잘 알고 실천하셨던 분으로 기억하신다. 어머니와 이모 역시 최 목사님에 대해 아름다운 추억과 존경하는 마음을 간직하고 있다. 그는 진심 어린 애정으로 교인이든 아니든 마을 주민들의 집안 사정 하나하나를 속속들이 살피며 이들의 삶 속에 파고들었다. 자전거를 타고 가시다 사람을 만나면 하물며 꼬마여도 반드시 자전거에서 내려 정중하고 친절하게 인사하셨고, 동네 사람이 아프면 교회 출석 여부를 막론하고 날마다 심방을 해주셨다. 그러자 종전부터 시작해 지속되던 야학은 더욱 활력을 띠었고 교인들도 조금씩 늘어났다.

아버지와 교회 청년들은 동네 사람들에게 이발해드리는 봉사도 시작했다. 목사님과 함께 이발 기술을 속성으로 배운 청년들이 최 목사님 머리를 깎아드렸는데, 서툰 솜씨로 인해 목사님 헤어스타일이 약간 우스꽝스럽게 되셨다고 한다. 그 모습 그대로 목사님은 청년들과 함께 동대문에 있는 큰 교회에서 열린 노회에 참석하셨다. 그곳에 모인 다른 교회 분들이 농담 섞어 최 목사님에게 머리 이야기를 하자 "우리 교회 청년이 열심히 깎아준 머리가 어때서 그러느냐?" 하시며 아무렇지도 않게 받아넘기셨다.

서로 교제하던 20대의 아버지와 어머니는 하나님과의 교제에도 열심을 다하셨다. 숫자는 적어도 믿음의 사람들 모두가 뜨거웠던 그 시절, 부모님 역시 기도원과 부흥회가 열리는 인근 교회를 부지런히 다니셨다. 기도원 안에서 기도하셨고, 산에 올라가 돌부리를 잡고 기도하셨고, 캄캄한 밤중엔 동굴에 들어가 기도하셨다. 오직 하나님의 은혜만을 간절히 구하며 영혼의 갈증을 해결하기 위해 노력하셨다. 또한 여러 사역을 통해 거저 받은 은혜를 거저 돌려주기 위해 힘쓰셨다.

그즈음 어머니 가족은 외할아버지의 부고 소식을 접했다. 돌아가시기 몇 주 전, 어머니와 큰이모가 연락이 끊겼던 외할아버지를 수년 만에 우연히 만났다. 아버지를 비롯한 교회 청년들과 함께 삼각산 기도원에 가는 중이었다. 저택 대문으로 나오다 딸들을 만난 외할아버지는 그동안의 잘못을 시인하며 가족들을 위해 은행정에 땅을 사주겠다고 말씀하셨다. 그러나 외할아버지는 불과 일주일 후, 약속을 지키지 못하고 40대 초반의 이른 나이에 고혈압으로 세상을 등지셨다.

친할머니는 젊으실 때도 위장이 약하셨다. 50세가 넘으면서부터는 위胃 기능이 더욱 약해져 음식을 거의 잡수시지 못하게 되셨고 변도 잘 못 보셨다고 한다. 이에 아버지가 할머니를 양남동 해성의원에 모시고 갔는데 그때는 이미 위암이 한참 퍼진 뒤였다. 서대문 적십자병원 소견도 똑같았다. 할머니의 건강은 더욱 나빠져 죽 외에는 드시지 못했고 특히 대변을 보시는 일이 큰 곤욕이 되셨다. 어쩔 수 없이 아버지는 기꺼이 당신 어머니의 대변을 직접 빼내 주기 시작하셨다.

이때 할머니는 50대 초반, 아버지는 20대 초반이셨다. 지금과는 많이 다른 문화였지만 당시에도 이런 일은 흔하지 않았을 것이나. 딸이 아닌 아들이, 게다가 아직 결혼도 하지 않은 총각이 어머니를 위해 민망하고 불편한 일을 마다하지 않을 수 있었던 힘은 분명 예수님이 주신 마음에서 비롯되었을 것이다. 세 아이 아빠인 쉰 살의 나는 우리 어머니를 이렇게 섬길 수 있을까?

아버지는 지극정성을 다해 병간호에 힘썼지만, 할머니 병환은 갈수록 깊어져만 갔다. 결국 신유의 은사를 구하는 일 외엔 방법이 없다고 생각하신 아버지는 서대문 순복음교회를 찾아가셨다. 조용기 목사님과 최자실 권사가 신유집회를 왕성하게 이끌 때였다. 하지만 두 목회자 모두 일정이 맞지 않아 아쉽게도 계획은 이뤄지지 못했다. 아버지는 포기하지 않고 할머니를 모시고 또 다른 신유 사역자 현신애 권사의 을지로 집회에 여러 차례 참석하셨다. 세검정의 어느 기도원에도 가셨는데, 얘기를 나눠보니 성령이 역사하시는 곳이 아님을 직감하고 서둘러 발걸음을 돌린 일도 있었다.

마침내 아버지는 할머니를 모시고 삼각산 기도원으로 들어가셨다. 하나님께 직접 매달리는 방법 외에는 다른 방도가 없다고 판단하셨기 때문이었다. 아버지는 장작으로 밥을 지어 먹으며 며칠 동안 오로지 할머니의 건강 회복을 위해 기도하셨다. 이때가 하필 장마철이어서 땔감들이 다 축축하게 젖어 있어 아버지는 끼니를 준비하기 위해 불을 지필 때마다 메케한 연기 때문에 눈물을 엄청나게 흘리셨다고 한다. 이런 노력에도 불구하고 할머니는 더욱 위중해지셨고 연명을 위해서는 다량의 혈액이 필요한 상황이 되었다. 그러자 아버지는 할머니와 가족들 몰래 위험한 수준에 이르기까지 수혈하셨다. 아버지는 꼬박 1년 동안 이렇게 지극 정성으로 할머니 병수발을 하셨다.

그러던 어느 날, 할머니가 당신 작은아들에게 질문하셨다.

"나 같은 사람도 죽으면 천국에 갈 수 있을까?"

돌아가시기 사흘 전이었다. 여자 혼자서 살아가기도 어렵던 시절에 20여 년 동안 꿋꿋하게 네 남매를 키우며 살림도 튼튼히 하신 분, 집안사람과 이웃과 장사하는 사람들로부터 모두 성실과 정직을 인정받는 분, 술주정이나 행패를 부리던 사람조차 슬슬 꽁무니를 빼게 하셨던 분이 던진 질문이었다. 아버지는 예수님께 죄를 고백하기만 하면 누구든 천국에 들어갈 수 있다고 답하며 한참 동안 천국 이야기를 전하셨다. 아들의 말을 다 들으신 할머니는 "그럼 나도 예수를 믿겠노라." 말씀하신 뒤 아버지와 함께 기도하셨고 자신을 위해 기도해줄 것을 요청하셨다. 더불어 당신이 죽으면 집안사람들이 반대해도 장례를 교회 예식으로 치러달라고, 핍박이 있어도 예수님을 잘 믿으라는 당부까지 하셨다.

이 대화와 기도가 있기 전까지 할머니는 온몸의 통증으로 몹시 힘들어하셨다. 그러나 이후 돌아가시기까지 사흘 동안에는 아무런 고통 없이 평안하게 지내셨다. 그리곤 당신의 생일이었던 주일 한낮, 아버지가 지켜보는 가운데 미동도 없이 편안하게 생을 마감하셨다.

은행정 최초의 기독교 장례

아버지 네 남매는 장례를 준비하기 시작했다. 상주인 큰아버지는 아우에 대한 미안한 마음에 장례에 관한 의사결정권을 아버지에게 일임하셨다. 아버지는 자신의 믿음과 할머니의 유지遺志대로 기독교 방식 장례를 치르겠다고 했다. 그러자 집안사람들이 일제히 반대하고 나섰다. 아버지보다 20~30살 많은 수두룩한 조카들은 작은어머니를 그렇게 모실 수 없다며 핏대를 세웠다. 종가와 다른 친척들도 이구동성으로 항렬 상 집안의 제일 큰 어른이 돌아가셨으니 당연히 전통 유교 장례를 치러야 한다고 말했다.

주위의 반대가 거셌지만 아버지는 뜻을 굽히지 않으셨다. 그러자 결국 일가친지들은 아버지의 뜻을 수용했다. 대신 상청喪廳을 두는 것만 허락해달라고 요청했다. 대가족 중심의 농촌공동체에서 집안사람들의 주장 역시 무리는 아니었을 것이다. 결국 아버지는 대청마루에 상청을 설치하도록 하셨다. 이후 신정 교회 담임목사님의 집례로 할머니의 장례 절차가 진행되었다. 은행정에서 이뤄진 최초의 기독교 장례였다.

아버지는 할머니가 돌아가신 날부터 눈만 감으면 환상을 보셨다. 주무실 때만이 아니라 낮에 잠깐 눈을 감아도 환상이 생생하게 나타났다. 흰색 옷고름이 달린 한복을 입은 할머니가 천사처럼 하늘 위로 올라가시는 모습이었다. 환상 속에서 할머니의 발은 보이지 않았다. 그러나 100일이 지나 상청을 치우자 계속해서 아버지에게 나타나던 이 환상은 언제 그랬냐는 듯 자취를 감췄다.

교회 밖 사람들에게 인정 받는 교회

믿음은 하나님 앞에 자신이 죄인임을 고백하는 일로 시작된다. 하나님을 제대로 만나는 사람들의 첫 행동은 언제나 회개이다. 아버지 눈에 할머니는 흠 없는 분이셨다. 어린 꼬마가 아니라 20대 아들에게 이런 평가를 받을 수 있는 사람은 별로 없다. 할머니에 대한 주위 사람들의 평판 역시 완벽에 가까웠다. 그러나 이런 할머니도 죄인임은 분명했다. 할머니는 그 사실을 돌아가시기 직전 깨달으셨고 자신이 죄인임을 하나님께 겸손하게 고백하셨다. 하나님이 만나주셨기에 가능한 일이었다. 그랬기에 지금 할머니는 예수님과 함께 천국에서 아들과 자손들이 믿음을 지키며 살아가고 있는 모습을 보며 흐뭇하게 웃고 계실 것이다.

아버지가 교회는 다니지만 자꾸 반질거렸어도, 일은 안 하고 연애질만 하는 것처럼 보였어도 할머니는 아버지가 믿는 예수님을 구주로 영접하셨을까? 동네교회 목사가 교인들에게는 세상 착한 사람처럼 행동하다가 교인이 아닌 사람들에게는 차가운 표정으로 돌변했어도 할머니는 목사와 교회를 믿으실 수 있었을까? 아닐 것이다. 아들의 얼굴에 예수님 얼굴이 희미하게나마 보였기에 할머니는 자신이 죄인임을 고백하실 수 있었고, 교회를 신뢰할 수 있었기에 천국의 비밀을 깨달을 수 있었을 것이다.

더불어 이런 생각도 해본다. 아버지가 예수 믿는답시고 집안일에 소홀하고 할머니 섬기는 일을 나 몰라라 했다면 큰아버지는 상주의 권한을 아버지에게 양보하시지 못했을 것이다. 아버지가 교회에서만 따뜻하고 친절한 교인이고, 일가친지들에게는 차갑고 속 좁은 사람이었다면 집안사람들은 아버지가 고집하는 기독교식 장례를 끝까지 반대했을 것이다. 아버지를 비롯한 신정교회 교인들이 자기들만 생각하고 이웃의 슬픔을 외면했다면 은행정 사람들은 마을 최초로 이뤄지는 기독교식 장례를 집단으로 방해했을지 모른다. 실제로 할머니가 돌아가시기 몇 해 전, 마을 사람들이 힘을 합쳐 같은 마을 유씨 집안 상여를 막아선 일도 있었다. 이 집 사람들이 자기들만 양반 가문이라고 뽐내며 마을 사람들을 계속 천시했기 때문이었다. 결국 유족들이 마을 사람들에게 무릎을 꿇고 사과한 뒤에야 상여가 마을을 빠져나갈 수 있었다. 이처럼 여전히 종래 전통이 강하게 남아있던 은행정에서 할머니 장례를 기독교식으로 치를 수 있었던 것은 그만큼 교회가 이웃들에게 인정받았다는 방증이다.

부모님의 결혼과 아버지의 입대

아버지와 어머니는 1966년 이른 봄 영등포 중앙예식장에서 결혼예배를 드리셨다. 이후 은행정 초가집 방 한 칸에 신접살림을 차리셨다. 2년 전 할머니가 돌아가신 후 아버지 삼형제가 그대로 살고 있던 집이었다. 이 집에서 할머니는 큰아버지가 상처喪妻하신 뒤 4년 동안 어린 손주 남매를 몸소 키우셨다. 할머니는 모두 다 죽게 되었다는 핏덩이 손자를 젖동냥까지 해가시며 살려내셨다. 큰아버지는 태생적으로 집안을 돌보는 성격이 아니셨던 것 같다. 이런 연유로 총각이었던 아버지는 할머니를 도와 두 조카를 제 자식처럼 돌보셨다. 조카들 이름도 아

40

버지가 지어주셨다.

부모님의 결혼 몇 달 전, 큰아버지는 재혼하셨다. 아직 정돈 되지 않은 시아주버니 식구들과 20대 초반 시동생까지 있는 집에 들어가 어머니는 신혼이라고 말하기 힘든 신혼생활을 시작하셨다. 이처럼 다소 불안한 상황 속에서 부모님은 딸을 낳았다. 큰누나다. 생명의 주관자이신 하나님께서 허락하신 아기로 인해 두 분은 작은 행복을 누리셨다.

그러나 신혼의 단꿈은 오래 가지 못했다. 아버지가 징병 영장을 받았기 때문이다. 결혼도 했고 갓난아이까지 있는 가장에게 날아든 입영통지서는 청천벽력이었다. 당시 입대 연령은 지금보다 넓게 분포하고 있었지만, 이때 아버지가 호적상 만 25세였으니 늦은 편이었다. 아버지는 입대 지원을 하지는 않으셨다. 군대에 갈만한 나이가 된 다음부터 병환 중에 계신 홀어머니를 두고 군대에 갈 순 없었을 것 같다. 허술한 병무행정으로 인해 지원하지 않으면 면제가 되는 경우가 많았다는 점도 아버지가 늦게 입대한 원인이었을지 모른다. 병무청 통계에 따르면 1940년부터 1949년 사이에 태어난 우리나라 남자들의 병역 면제율은 무려 38.5%나 된다. 아버지와 비슷한 또래는 열 중 넷이 군대에 가지 않았다는 말이다. 따라서 아버지 입장에서는 영장이 나올만한 시기도 한참 지났고, 결혼해서 아이까지 생겼기에 입대를 하게 되리라 예측하긴 힘들었을 것이다.

그럼에도 불구하고 국가의 부름을 감히 거역할 수는 없는 소시민은 젊은 아내와 백일이 갓 지난 아기를 집에 남겨둔 채 논산훈련소에 입소했고 어머니는 홀로 갓난쟁이를 키워야 했다. 100% 타의에 의해 무책임한 사람이 되어 버린 아버지, 생계와 육아의 벼랑 끝에 위험천만하게 혼자 선 어머니, 떨어지는 것만으로도 견디기 힘든 고역이었을 신혼부부에게 현실은 얼음장처럼 차가웠다.

밤늦게 노량진국민학교 선생이었다는 한 장병을 만나 늦도록 인생을 논하기도 했다. 무엇보다도 이 세대를 냉대하고 외면시하며 살아야 할 나의 처지인 것을 역설하기도 했다. (중략) 쓸데없는 유혹에 이끌릴까 두려워 간절한 기도. (67. 6. 5)

종달이(당시 아버지가 부르던 어머니의 애칭)가 곁에 있어 주었다면… 견디기 어려울 정도의 고충을 당하면서, 한밤을 뜬눈으로 지새웠다. 오후에도 또한 고통을 당하여야 했다. 하나님의 사랑의 채찍인 듯 생각이 든다. 아름답지 못한 생각으로 인한 대가일런지도 모른다. 지금 이 순간도 주님 향하려는 내 마

음 간절하다. (67. 6. 6)

그녀에게서 편지가 왔다. 너무도 무정한 인간임을 다시금 체험하는 순간, 사나이답지 않게 울지 않을 수 없었다. 그러나 이내 용기를 낸다. 내 마음은 어떻게 하여야 할까? 마음은 허공에서 날뛴다. (67. 6. 21)

오래도록 소식이 없는 영구(아버지의 남동생)에게 염려가 또 나기 시작한다. 영구에게와 집에 대한 걱정이 날로 더하여지는 그늘…. (67. 7. 13)

석식을 마치고 삼일예배에 참예하였다. 오늘은 주님에게 나의 할 일들을 여쭤야하겠다 마음하면서 무언인가 응답이 올 것 같았기에 마음은 한결 명랑했다. (67. 8. 10)

아버지가 간직하고 계신 이 시기의 빛바랜 일기장에는 하나님만을 붙잡는 믿음의 고백이 담겨 있다. 또한 어머니에 대한 애틋함과 고마움, 두고 온 가족에 대한 염려와 애정이 깨알 같은 글씨로 가득하다.

수색시장 편물점

입대한 아버지야 제 한 몸만 견디면 되었지만, 보릿고개가 아직 남아있던 농촌에서 돌도 지나지 않은 아기를 혼자 키우는 어머니를 도울 수 있는 손길은 별로 없었다. 아주버님은 딱한 처지의 제수씨를 살필 수 있을 정도로 살뜰하지 못했고, 자신 역시 딸을 출산한 새 손위동서도 바로 옆방에 있는 힘겨운 모녀를 돌아볼 성품이 못되었다. 한 끼 한 끼를 걱정해야 했고 아기에게 줄 젖이 말라가던 그때, 그나마 큰이모가 언니와 첫 조카를 힘겹게 도왔고 시댁 사촌동서도 드문드문 마음을 써주셨다.

계절이 두어 번 바뀐 뒤 어머니는 돌이 막 지난 큰누나를 업고 수색水色으로 이사를 했다. 큰아버지가 그간 미뤄왔던 아버지 몫의 유산을 일부 주자 어머니는 그 돈으로 수색제일시장에 보증금 3만 원 월세 6천 원짜리 점포를 얻어 편물(뜨개질) 가게를 차리셨다. 혼자 아기를 키우면서 할 수 있는 일이라고 판단하셨던 것 같다. 당시 편물은 결혼예물과 연인 간의 선물로 한창 유행이었다. 어머니는 시장 초입 1층 점포에 편물기계를 들여놓고 기계를 다룰 줄 아는 스무 살 남짓 여자기술자도 구하셨다. 이후 어머니는 이 분과 함께 상점 안쪽 방에서 함께 먹고 자며 장사를 시작하셨다. 파주에 집이 있던 이 여성은 식성이 독특해 김치를 입에도 대지 못했다. 이 때문에 어머니는 다른 반찬을 마련하느라 고생을 많이 하셨다.

남편과 떨어진 새댁의 고생은 이뿐만이 아니었다. 쫄래쫄래 걸어 다니던 큰누나를 잃어버렸다가 몇 시간 만에 수색역 계단에서 겨우 찾기도 했고, 아궁이에서 새어 나온 연탄가스에 중독되어 죽다 살아나기도 했다. 하지만 이런 어려움 중에도 하나님께서는 어머니가 소망의 끈을 놓치지 않도록 굳건하게 붙들어 주셨다. 이즈음 어머니는 인근 수색교회를 섬기셨는데, 어려운 형편 중에도 목사님 내외에게 스웨터를 손수 짜서 선물하시기도 했다.

안타깝게도 편물점을 찾는 손님은 별로 없었다. 친정과 시댁 일가가 있는 은행정을 떠나 호기롭게 새로운 일을 시작했지만 어머니의 삶은 여전히 고달팠다. 보이지 않는 소망에 대한 확신도 조금씩 시들해지고 있었다. 바로 그때 기쁜 소식이 날아왔다. 육군수송사령부 소속으로 논산역 TMOTransportation Movement Office에서 복무하던 아버지가 용산역으로 전입을 오신 것이다.

1967년 봄 입대 후 1년 남짓 논산에서 근무하다 용산역 TMO로 전입을 오신 아버지는 상병 때부터 단기하사로 제대하실 때까지 2년가량 이곳에서 복무하셨다. 어머니에게는 말로 표현하기 힘든 위안이 되었다. 이곳으로 전입 오신 아버지가 집에서 출퇴근을 하실 수 있었기 때문이었다.

군대 이야기는 전역한 지 50년이 지난 예비역 육군하사 역시 하고 싶어 안달하는 레퍼토리였다. 논산에선 고생을 했는데 용산으로 오고 나서는 식모가 해주는 밥을 먹고 철도청 직원이 연탄불까지 갈아주는 온돌방에서 호강하셨다는 자랑, 나중에 삼일제약 자재과장이 된 동기와 작은 오해가 생겼는데 이상하게 일이 커져 몇 시간 동안 주먹다짐을 하셨던 무용담, 무장공비 김신조 일당이 '박정희 목 따러' 북에서 침투한 1·21사태 때는 청와대로 지원을 나가셨는데 아버지 바로 앞으로 지나간 박 대통령의 신장이 아버지보다 조금 작아 보였다는 후일담까지….

군대 간 남편을 기다리는 아내는 잘 되지도 않는 장사를 힘겹게 해내며 젖먹이를 키우고 있었고, 처자식을 남겨 두고 입대한 남편은 내무반 침상에 누워서도 매일매일 아내와 아기를 걱정했다. 이때 두 분이 마음을 모아 편물점이 대박 나서 군 간부에게 뇌물을 쓸 수 있게 해달라고 기도하시진 않으셨을 것 같다. 어서 빨리 서울에서 복무할 수 있게 해달라고 통성으로 기도하셨을 것 같지도 않다. 대신 아버지와 어머니는 이별의 아픔을 이길 수 있는 힘을 달라고 하나님께 간절히 기도하셨을 것이다. 어려운 지금을 견뎌낼 수 있는 오래 참음을 허락해달라고 하나님께 기도하셨을 것이다.

양남동 쪽방집

아버지가 집에서 용산역으로 출퇴근하시기 시작할 무렵 세 식구, 아니 뱃속의 아기까지 네 식구는 수색의 편물점을 정리하고 양남동으로 이사했다. 남쪽 양평동이라는 뜻을 가진 양남동은 지금의 5호선 양평역 부근을 가리키던 당시 지명이었다. 우리 식구는 이 동네 단층집으로 이사했다. 아버지의 복무기간이 아직 많이 남아 있었기 때문에 어머니는 어떤 형태로든 돈벌이를 하셔야 했다. 이때 어머니가 선택한 방도는 옷감 가공이었다.

대한모방에 계속 근무하는 어머니의 선배가 공장에서 나오는 자투리 옷감들을 저렴하게 대주기로 약속했다. 어머니는 이를 짜깁기해서 쓸 만한 옷감으로 만드는 사업을 준비하셨다. 이를 위해 대한모방 바로 건너편 집을 마련하셨던 것이다.

그러나 자투리 옷감은 구경도 못하셨다. 원재료를 공급하기로 했던 선배의 계획이 어긋났기 때문이다. 이미 이사까지 한 마당에 새로운 계획을 시작도 못하는 위기를 극복하기 위해 두 분이 짜낸 고육책苦肉策은 임대업이었다. 드라마 「육남매」의 배경과 정확히 일치하는 시간과 공간에서 부모님도 작은 집에 쪽방을 여러 개 만들어 사글세를 놓으셨다.

1968년 세밑, 조그마한 집에서 더 조그마한 셋방 사람들과 옹기종기 살던 즈음 어머니는 둘째딸을 출산하셨다. 우리 작은누나다. 일은 뜻대로 되지 않았지만 쪽방엔 사람들이 들어찼고, 한참 동안 떨어져 살던 젊은 부부는 한 지붕 아래에서 두 아기와 함께 행복한 나날을 보낼 수 있었다.

이즈음 아버지는 새벽마다 양남동에서 용산으로 출근해 바쁜 일과를 보냈지만 저녁이 되면 집으로 돌아와 여자 세 명의 미소에 행복했을 것이다. 빡빡한 형편 속에서 어머니는 두 여자아기를 키우며 저녁이면 돌아올 남편을 기다리며 음식을 준비했을 것이다. 1년 후 작은누나가 돌을 맞이했던 1969년 연말에는 신정교회 식구들이 집으로 찾아오셔서 함께 감사예배를 드렸고, 아버지의 군대 전우들도 금반지를 선물하며 축하해주셨다.

아버지의 제대와 귀향

용산에서 이어진 아버지의 군 생활은 비교적 수월했다. 우선 내무반 생활이 없었고, 어느 정도 끗발도 있는 보직이었고, 무엇보다 빈틈없는 업무처리로 상사들로부터 인정을 받으셨다.

선역을 앞둔 아버지는 단기 하사에 지원하셨다. 당시 제도상 하사가 되어도 복무기간이 연장되진 않았다고 한다. 아마 말뚝을 박으라는 장교들의 권유로 직업군인이 될까 하는 고민 때문이셨던 것 같다. 실제로 제대를 앞둔 아버지는 준위 시험 준비를 진지하게 고민하기도 하셨다.

그러나 아버지는 준위 시험에 응시하지 않았다. 대신 월남에 가서 커피를 들여와 유통하는 사업을 구상했고, 당시에는 흔하지 않던 자동차 운전이나 그냥 일반 기업체 취업도 아버지가 고민한 진로 중 하나였다. 최종적으로 아버지는 자기 사업을 하겠다고 결심하셨다. 안정 대신 더 큰 꿈을 선택하신 것이다.

1970년 봄, 아버지는 큰 포부를 품고 제대하셨다. 얼마 뒤 우리 식구는 양남동에서 다시 은행정으로 이사를 했다. 우선은 부동산등기법이 1960년부터 시행되고 있긴 했으나 이때까지 등기가 완전히 정리되지 않은 집들이 많았는데, 양남동 집의 소유권을 놓고 복잡한 일이 생겨 결국 집을 처분해야 했기 때문이다. 그러나 이사를 한 중요한 이유는 다시 시작하기 위함이었을 것이다. '다시 시작하자, 태어나고 자란 곳에서 처음부터 다시 시작하자' 아버지의 이런 다짐이 삶의 터전을 고향 은행정으로 옮긴 결정적인 이유였던 것 같다.

입대하면서 은행정을 떠나 3년 넘는 시간을 보낸 아버지는 고향으로 돌아오셨다. 네 식구가 된 우리 가족은 대지 196평 은행정 재래가옥에 새 보금자리를 꾸렸다. 다른 사람들은 다 떠나고 이제 우리 가족만 살게 된 아버지의 고향집이었다.

하지만 고향에서 다시 시작하는 부모님에게 복잡하고 혼란스러운 변화가 엄습했다. 할머니가 돌아가신 후 많진 않더라도 유산 분배가 이뤄졌어야 했는데 그러지 못한 상황에서 아버지는 결혼 직후 입대를 하셨다. 그러던 중 아버지가 군복무 중일 때 큰아버지는 재혼하신 분과 이혼을 하셨다. 그 과정에서 심각한 어려움이 계속된 큰아버지는 집안 재산을 대부분 없애셨고 아버지는 자신의 형을 대신해 복잡한 문제들을 해결해주셨다. 돈이 모자라자 본인 몫으로 마지막까지 남아있던 땅 460평까지 팔아 큰아버지의 위자료를 마련해주셨다.

이후 큰아버지는 우리 가족이 다시 살기 시작한 생가까지 처분한 뒤 고향을 떠나 용인龍仁으로 삶의 무대를 옮겼고, 혼란 속에 작은아버지는 자원 입대해 월남으로 떠나셨다. 삼형제가 뿔뿔이 흩어진 것이다.

은행정으로 돌아온 이듬해인 1971년 여름, 부모님은 드디어 아들을 얻으셨다. 장남으로 우리 형을 낳으신 것이다. 이즈음 은행정에는 변화의 바람이 거세게 닥쳐왔다. 인근 최대의 쌀 재배지였던 은행정 인근이 택지로 개발되기 시작했고, 이곳으로 중랑천 등 강북의 수재민들이 이주해왔다. 외지인들이 밀려오자 여전히 농촌의 전통과 문화가 남아있던 은행정의 변화는 더 빨라졌다.

부모님이 섬기시던 신정교회에도 큰 변화가 있었다. 청년 시절부터 부모님의 훌륭한 신앙 멘토가 되어주셨던 최상식 목사님이 교회를 떠나셨다. 신정교회에서 열린 부흥회에 당대 최고 부흥사 중 한 명이었던 신현균 목사님이 강사로 오셨는데, 이를 계기로 신 목사님이 담임하는 교회로 최 목사님이 사역지를 옮긴 것이다. 얼마 뒤 신정교회엔 후임으로 군목 출신 K목사님이 담임으로 오셨다. 하지만 새 목사님은 우리 부모님을 비롯한 교회 식구들과 잘 맞지 않았다. 무엇보다 자유주의 신학에 근거한 성경해석과 정통 개혁주의에서 다소 벗어난 목회방향이 부모님의 믿음과는 괴리가 컸다.

두 아들의 출산

사실 내가 태어난 것은 우리 가족이 구성원 세팅을 끝내고 재시작의 테이프를 끊은 뒤였다. 뒤늦게나마 군복무를 끝내고 돌아온 가장, 딸 둘을 낳은 뒤 아들을 낳은 젊은 부부, 고향으로 돌아와 삶의 기지개를 다시 켜는 다섯 식구에게 또 아기가 생겼다.

그런데 이 가족은 논밭과 집까지 모두 잃어 생계를 위협 받고 있었다. 게다가 유신정부는 가족계획을 대대적으로 강조하고 있었다. 주위 사람들은 한 목소리로 안타깝지만 뱃속 아기를 지우라고 권했다. 고민을 거듭하던 어머니도 결국 임신중절 수술을 받기 위해 서안복음병원(현 메디힐병원)으로 가는 122번 버스에 올랐다. 아버지의 동의가 없이는 불가능한 결정이었을 것이다. 그러나 병원으로 가는 동안에도 어머니는 하나님의 뜻을 분별하기 위해 기도를 멈추지 않으셨다. 결국 어머니는 생명의 주관자이신 하나님께서 당신의 자녀를 낳게 하시고 기를 수 있게 하심을 믿으며 버스에서 중도 하차하셨고 몇 달 후 나를 낳으셨다.

나의 출생에 관한 이 이야기를 어렴풋하게 처음 들었던 건 초등학교 2학년 무렵이었다. 20대 초반 외삼촌이 내가 하도 말을 듣지 않아서 그랬는지, 장난기가 발동해서 그랬는지 아무튼 비슷한 얘기를 했다. 어린 나이에 삼촌 말이 사실이냐고 따지자 어머니는 말도 안 되는 소리라며 펄쩍 뛰셨다. 6학년 때인가 내가 이 얘기를 다시 여쭤보자 어머니는 내가 아니라 내 밑으로 동생이 또 생겼을 때 아기를 지웠는데 삼촌이 착각해서 그렇게 얘기한 거라 둘러대셨다. 그러나 이때는 삼촌이 이미 요절하신 뒤였기 때문에 사실을 확인할 수 없었다.

그후 시간이 한참 지나 그 아기가 세 아이의 아빠가 된 지금, 나는 이 일의 실상을 아무렇지도 않게 기록하고 있다. 그때 만약 부모님이 나를 낳지 않았다면 아마 지금 이 글을 쓰는 사람은 없을 것이다. 아니 누나들이나 형 중 한 사람이 이 글을 쓸지도 모르겠다. 하지만 그보다 훨씬 더 중요한 것은 하나님의 계획에 따라 나는 태어났고, 하나님의 약속을 부모님은 믿었고, 하나님의 은혜로 인해 우리 가족은 삶을 일궈가고 있다는 사실이다.

하나님이 먼저 다가와 아버지를 만나주셨고, 어머니를 만나
주셨다. 또한 하나님은 아버지와 어머니를 만나게 하셨고, 할
머니들과 이모들에게 다가오셔서 아버지가 되어 주셨다. 하나
님께서는 부모님의 만남이 가정을 이루기까지 도우셨고, 그 가
정의 여섯 식구가 서로 만날 수 있게 해주셨다.

세상을 창조하기 전부터 우리들의 구원을 계획하신 하나님
께서는 혼돈의 시대 속에서도 만남을 통해 일하셨다. 선생님을
통해 상처받은 소녀를 만나 주셨고, 없어진 교회가 다시 움직
이는 모습을 통해 부끄럼 많은 소년을 만나 주셨다. 겉으로는
우리가 하나님을 만나러 가는 것처럼 보이지만 이처럼 하나님
께서는 언제나 우리들 곁으로 먼저 다가오신다.

건물만 쓸쓸하게 남은 교회 앞에 사람들이 모여 있는 모습
이 아버지 눈에만 보였을까? 아마 꽤 많은 동네사람들이 낯선
얼굴들을 목격했을 것이다. 그러나 그 중 몇 안 되는 사람만 교
회로 발걸음을 옮겼고, 그 중 한 분이 바로 아버지였다. 오직
하나님의 은혜였다. 같은 반의 수많은 어린이 중에서 왜 어머
니에게만 교회에 가지 않으면 안 될 것 같은 갈급함이 생겼을
까? 어머니가 세상이 있기도 전에 택한 사람이었기 때문에 하
나님께서는 어머니가 복음을 열망하도록 하셨고, 작은 꾀를 머

릿속에 넣어 주셨고, 결국 교회로 향해 하나님을 만날 수 있도록 하셨다.

당신들의 자녀들을 위한 탁월한 전략을 갖고 계신 하나님께서는 차분한 아버지에겐 관찰할 여유를 주시면서 만나 주셨고, 시원시원한 어머니와는 쇠뿔도 단 김에 빼듯 만남을 시작하셨다. 아마 다른 사람이 교회에 가자고 강권하셨다면 아버지는 권하는 사람의 손목을 뿌리치고 마을 귀퉁이로 도망치셨을 것이다. 거꾸로 어머니는 모르는 사람들이 함께 모여 서성대는 모습을 호기심이 아니라 경계의 눈초리로 바라보셨을지도 모른다. 성품에 따라 사람을 사용하시는 하나님께서는 아버지에겐 아버지 성격에 맞게, 어머니에겐 어머니의 특성에 적절하게 맞춤형으로 만나 주셨다.

우리들의 만남을 주관하시고, 우리들의 믿음을 자라나게 하시는 이는 하나님 한 분 뿐임을 고백한다.

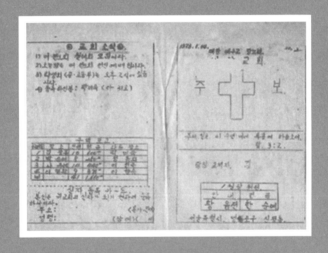

따름

살다 보면 종종 갈림길을 만난다.
어느 길로 가느냐에 따라
종착점은 완전히 달라진다.
참 자유와 행복이 삶의 목표라면
길이요 진리 되시는
예수님을 따라야 하지 않을까.

따름

이에 예수께서 제자들에게 이르시되
누구든지 나를 따라오려거든 자기를 부인하고
자기 십자가를 지고 나를 따를 것이니라 _마태복음 16장 24절

은행정으로 돌아오신 아버지는 힘차게 'Restart'를 외치며
그때까지 갖고 있던 땅에 농사를 짓는 한편 당시까지 많이 쓰
이던 새끼줄을 만드는 기계를 제조하는 사업을 시작하셨다. 어
렸을 때부터 새끼를 꼬시던 실력을 이렇게도 발휘하셨나 싶
다. 그러나 아무리 새끼줄을 효율적으로 만든다 해도 노끈이라
는 새로운 포장 재료와 경쟁할 수는 없었다. 그나마 버팀목으
로 기대했던 큰아버지마저 가정의 어려움을 견디지 못하고 남
아있던 전답마저 모두 파셨다. 심지어 부모님 대부터 살아온
집마저 넘어갔다. 아버지로선 농사를 짓거나 사업 자금으로 쓸
재산을 모조리 잃은 것이다.

이 과정에서 복잡하고 힘든 일이 많았지만 아버지는 형님의 가정문제 정리를 도와드린 후 큰 자본 없이 할 수 있는 도서 판매업을 시작하셨다. 당시 기독교 출판계에서 영향력이 컸던 성서교재사의 대리점주가 되어 기독교 서적을 판매하신 것이다. 나중에 목사가 된 친구 서광○ 씨와 함께 여러 교회를 돌아다니며 영업을 하셨다. 성경은 물론 박윤선 목사님의 성경주석, 「천로역정」이나 「그리스도를 본받아」 같은 기독교 고전, 그 외 기독교문학전집 등이 주요 상품이었다. 빠르게 증가하는 기독교인들이 출판문화를 선도하던 그즈음, 기독교 서적의 수요 역시 눈에 띄게 증가하고 있었기에 아버지의 새로운 사업은 성공 가능성이 높아 보였다.

이때 기독교 도서를 파는 방식은 비교적 단순했다. 먼저 교회에 찾아가 담임목사에게 도움을 받아 봉헌자 명단과 금액을 얻어낸 뒤, 경제적으로 여유가 있는 교인들을 대상으로 외판을 했다. 이후 협조의 대가로 일종의 수수료를 해당 교회에 헌금하는 구조였다. 그러나 아버지는 이런 방식으로 책을 팔지 않았다. 자신의 신앙과 가치관을 기준으로 정당하지 못하다고 판단했기 때문이다. 손쉽게 돈을 벌 수 있는 방법이 눈앞에 보였고, 오랜 교회활동을 통해 쌓은 인맥이 있었지만 아버지는 정도를 택하셨다. 그런 까닭인지 책이 잘 팔리지는 않았다.

물론 아버지가 이런 찝찝한 관례에 따라 비즈니스를 하시지 못한 주된 이유는 믿는 자로서의 거리낌이었을 것이다. 더불어 아버지는 돈보다 도리가 더 중요하고, 물질보다 양심이 더 중요한 분이다. 그런 아버지가 보석처럼 빛나는 책들을 갱지에 둘둘 말아 팔 듯 목사에게 잿빛 봉투를 주고 부자 교인들 비위를 맞춰가며 능수능란하게 영업할 수는 없었을 것이다.

D교회의 첫 예배

이처럼 사업이 아직 제 자리를 잡지 못하고 있던 1972년 6월, 저녁을 드신 후 산책을 하던 아버지는 공터에 교회 천막을 치고 있는 전도사 부부를 도와주셨다. 잠시 후 아버지는 그 자리에서 그들과 함께 이 교회의 첫 예배를 드리셨다. 우리 가족과 D교회의 인연은 이렇게 시작되었다.

신정단지가 개발되자 은행정 주변 신정동의 인구는 빠르게 증가했다. 교회들도 하나 둘 생겨났는데 D교회도 그 중 하나였다. 이즈음 부모님은 침체에 빠진 신정교회에서는 신앙을 지키기 힘들다는 판단에 따라 교회를 옮기는 것에 대해 고민하고 계셨다. 그러나 가까운 곳에는 아직 다른 교회가 없었고 지금처럼 자동차를 타고 다른 동네 교회를 갈 수 있는 시절도 아니었기 때문에 진정한 말씀과 예배를 갈급해하며 교회 문제를 놓고 계속 기도하며 하나님의 응답을 기다리고 있었다.

그러던 중 근처에 감리교회가 새로 생겨 관심을 가졌지만 교단이 달라 주춤거리고 있을 바로 이 때 우연히, 아니 하나님의 계획에 따라 아버지는 젊은 전도사 부부를 만나 신정교회와 같은 장로교단의 D교회를 함께 개척했다. 이로써 아버지의 개척 대상은 사업과 교회 두 가지가 되었다.

아버지보다 한 살 많은 D교회의 교역자는 아직 목사 안수를 받지 못한 전도사였다. 이날부터 아버지는 1호 등록교인, 1호 집사로 열정을 다하셨다. 며칠 후 첫 주일 예배부터 어머니는 물론 외할머니도 함께 D교회를 섬기기 시작하셨다. 개척 초기부터 아버지는 오랫동안 교회재정을 담당하셨다. 젖먹이를 키우며 최소한의 경제생활도 하지 못하고 있던 전도사는 자신의 앙상한 모습이 담긴 사진과 함께 개척교회를 도와달라는 호소문을 기독신문에 싣기도 했다. 하지만 후원은 거의 이뤄지지 않았다.

이런 상황에서 한 교인의 친지가 내는 십일조는 싹도 트지 않은 교회에 매우 큰 도움이 되었다. 광화문에서 문구점을 운영하던 이 분이 고맙게도 십일조를 D교회에 봉헌했던 것이다. 아버지는 매달 이 미출석 교인의 십일조를 받기 위해 버스에 몸을 실었다. 아마 칼산에서 출발해 신정네거리와 화곡동을 거쳐 광화문까지 가던 129번 버스였을 것이다. 한 달에 한 번씩 이뤄진 이 버스 출장은 2년 가까이 이뤄졌다.

더불어 아버지는 신정교회 때부터 큰 관심을 갖고 계셨던 다음 세대를 위해 주일학교를 맡으셨다. 주보를 만드는 일도 아버지 몫이었다. 당시 대여섯 살이었던 누이들은 아버지 손을 잡고 매주 교회에 가서 등사기를 밀어 주보를 만들었던 장면을 예쁜 추억으로 간직하고 있다.

D교회 초창기부터 부모님과 함께 열심을 다해 헌신하다 2000년대 중반에 선교사로 부르심을 받은 분이 아버지가 장의자를 만들던 모습을 들려주었다.

"천막 안 흙 바닥에 가마니를 깔고 예배를 드리니 아무래도 불편했죠. 개척한 다음 해 무더운 여름이었어요. 내가 20대 초반 청년이었을 때죠. 평일 낮에 교회에 갔는데 김 집사님이 혼자서 구슬땀을 흘리며 장의자를 만들고 계셨어요. 거의 다 만드신 다음이라 도와드리진 못했지만, 집사님 덕분에 교인들은 쪼그려 앉아 예배 드리는 신세를 끝낼 수 있었죠."

하나님의 은혜로 천막교회에는 사람들이 모이기 시작했다.

주로 외지에서 신정단지로 이사 온 사람들과 은행정 토박이들이었다. 부모님은 전도에도 열심을 다하셨다. 하나님을 전혀 알지 못하는 사람들과 믿다가 낙심한 가정들, 그리고 다른 동네에서 이사 온 여러 가정을 전도하셨다.

부모님이 교회 개척을 위해 혼신을 다하던 무렵, 우리 식구들은 새로 지은 신정단지 집 셋방으로 이사했다. 벽돌을 찍어 놓은 것처럼 동네 집들이 모두 똑같이 생긴 이 단층집에는 작은 방이 세 개였다. 이곳에서 집주인 가족과 우리 식구, 그리고 담임목사 가족까지 세 식구가 꼬마들과 갓난쟁이들을 키우며 북적북적 함께 살았다.

이즈음 우리 가족에게 교회는 단순한 종교단체가 아니라 가장 중요한 삶의 터전이었다. 모든 예배는 물론 부흥회가 열릴 때마다 부모님은 우리 남매들을 빠짐없이 데리고 참석하셨다. 외가 식구들도 열심히 교회를 섬겼다. 특히 작은이모는 개척 때부터 결혼할 때까지 오랫동안 반주자로 헌신했고 주일학교와 청년회에서도 열심히 활동했다.

신문지로 만든 가짜 돈다발

변덕쟁이 땅 주인들 때문에 천막교회는 이곳 저곳 옮겨 다녀야 했지만 하나님이 도우셨기에 차근차근 성장할 수 있었다.

물론 십자가만 세우면 교인들이 모이는 시절이기도 했고, 인구가 가파르게 늘어나는 동네 사정도 한 몫 했다. 그러나 무엇보다 목회자와 부모님을 비롯한 교인들의 눈물겨운 기도와 헌신의 결과로 교인들이 늘어갔다. 첫 예배를 드린 지 2년도 안돼 담임교역자는 목사 안수를 받았고, 또 얼마 후 교회는 신정단지 외곽에 130평 대지를 구입했다.

이때 교회 부지를 구입했던 일에 대한 아버지의 기억은 매우 정확하다. 재정을 맡았던 아버지의 주도로 교회는 아버지 친구인 이태○ 씨 소유의 대지에 대한 매매계약을 체결했다. 자금이 턱없이 부족한 상황이었기 때문에 교회 형편상 무리였다. 땅값도 한참 모자라니 당연히 그 땅에 건물을 지을 돈이 있을 리 만무했다. 그러나 교우들은 하나님이 채워주시리라 믿으며 계약금을 지불했다.

잔금을 치를 날이 조금씩 다가오고 있었지만 거액의 헌금 같은 기적은 일어나지 않았다. 계약을 변경해서 대지의 절반만 구입하자는 의견도 있었다. 하지만 교회에는 그럴 돈도 없었다. 고민 끝에 아버지는 담임목사를 비롯한 교우들과 의논하여 계약대로 땅을 모두 구입한 후 그 중 절반을 되파는 방법을 쓰기로 결정하셨다. 땅값이 요동치는 상황에서 시기를 잘 맞춰 팔면 그 돈으로 건축자금을 만들 수 있다는 구상이었다.

그러나 이 방법을 실행하기 위해서도 일단 대지에 대한 잔금은 치러야 했다. 그러나 돈은 마련되지 않았고 몇 번씩 연기한 잔금날짜가 다가와 더 이상 미루면 계약금만 날리게 되는 상황까지 되었다. 담임목사님은 아버지가 결자해지結者解之하는 수밖에 없다며 발만 동동 굴렀다.

잔금일 아침, 아버지는 L집사님과 함께 신문지로 가짜 돈뭉치를 만들어 야전점퍼에 집어넣으셨다. 곁에서 보면 볼록해진 주머니 속 물건은 누가 봐도 묵직한 돈다발이었다. 근처 다방에서 땅주인 친구를 만난 아버지 일행은 잔금 대신 어깃장을 놓았다.

"이거 봐라. 돈을 갖고 나왔으니 이젠 땅주인인 자네가 먼저 대출금을 갚아 부지에 잡혀 있는 담보를 풀게나. 그러면 잔금을 치르겠네."라고 억지를 쓴 것이다.

사실 법으로 보나 관행으로 보나 말도 되지 않는 얘기였다. 땅을 사는 사람이 잔금을 치르면 주인이 그 돈으로 대출금을 갚고 그렇게 되면 담보는 자연스럽게 없어지는 건데, 거꾸로 땅을 사는 사람들이 담보를 먼저 풀어야 잔금을 치르겠다고 떼를 쓴 것이기 때문이다.

아무리 친구 사이라 해도 아버지의 주장을 받아들이기 힘든 땅주인은 신정교회 담임목사님에게 입회를 요청했다. 교회와

하는 거래인데 자꾸 억지를 부리니까 다른 교회 목사님의 도움을 받아서라도 해결하기 위함이었다. 다방으로 나오신 신정교회 K목사님은 "서로 잘 상의해서 원만하게 해결하라."는 원론적인 이야기밖에 하실 수 없었다. 친구인데다가 마을에서 오래된 교회 목사님까지 오셔서 입회자가 된 형국, 하는 수 없이 땅 주인은 아버지의 요구를 받아들였다. 덕분에 D교회는 잔금도 치르지 않고 130평의 부지를 매입할 수 있었고, 그 중 일부인 50평을 바로 매각해서 그 돈으로 잔금을 치르고 건물 기초공사도 할 수 있었다.

잔꾀를 사용했던 아버지의 신앙

가짜 돈봉투 아이디어로 D교회 부지를 구입한 이후 45년이 지난 지금까지 아버지는 이 친구 분과 단 한 번도 만나지 못하셨다고 한다. 선의이긴 하나, 또 일이 잘못되지도 않았지만 친구에게 일종의 거짓말을 했다는 미안함 때문이다.

물론 윤리라는 잣대로 볼 때 좋은 방법은 아니었다. 분명히 아버지는 친구를 속이셨다. 야곱이 썼던 잔꾀처럼 사람의 방법을 쓴 것이다. 그러나 분명한 것은 하나님의 일을 위해 친구를 잠깐 속이는 악역조차 기꺼이 맡았던 아버지의 헌신은 진심이었단 사실이다.

우여곡절 끝에 마련한 부지에 기초공사까지 했지만 D교회는 건물을 올리지 못하고 있었다. 부족한 재정 때문이었다. 그러자 이때는 아버지가 인도한 가족이 크게 헌신했다. 신정교회 때부터 부모님과 함께 신앙생활을 하셨던 아버지의 고향 선배 K집사님은 당시 마음의 상처를 받아 신정교회를 떠난 후 교회생활 자체를 잠깐 중단하고 계셨다. 지금 말로 하면 '가나안 성도'였다.

그러나 교회가 부지를 매입한 뒤 기초공사만 겨우 마친 시점, 아버지는 몇 번의 권면 끝에 K집사님 부인을 통해 이들 부부가 D교회에 나오도록 설득했고 이 가족은 교회의 일원이 되었다. 얼마 후 중단되었던 교회 건축은 이 가족이 봉헌한 건축헌금으로 재개되었고 마침내 건물을 완공할 수 있었다. 이로써 D교회는 설립 3년 여 만에 허름한 천막을 걷어내고 반듯한 교회건물을 짓게 되었고, 이를 통해 성장을 위한 물리적 기반을 다질 수 있었다.

개척교회 시절 몇 년 동안 아버지는 에너지의 절반 가까이를 교회에 쏟으셨던 것 같다. 교회에 전화를 놓을 때는 전화국에 다니는 친구를 몇 번이나 찾아가 신신당부한 끝에 '0054'라는 좋은 번호를 따내셨고(지금도 D교회는 이 번호의 대표전화를 쓰고 있다) 구역장으로서 교우들을 진심을 다해 섬기셨고, 주일학교 부장으로 수많은 동네 아이들과 청소년들에게 사랑으로 복음을 전하셨다. 부모님은 이웃과 친지들을 전도하는 일에도 앞장섰다. 사업상 알게 된 C씨가 교회 옆에서 문방구를 운영하고 있었는데 이곳을 수 차례 방문해 교회로 발걸음을 옮기게 하셨다.

외할머니 댁에 셋방 살던 J씨 가족도 인도했다. 외지에서 은행정으로 들어오면서 외할머니 댁 문간방에 살게 된 이 가족은 부모님보다 대여섯 살 많은 부부로 네 남매를 키우고 있었다. 여섯 식구 중 어머니인 J씨만 이사 오기 전 다른 동네에서 두어 번 교회에 나가봤을 뿐 아직 믿지 않는 가정이었다.

좁은 한옥에서 우리 식구와 같은 부엌과 같은 변소를 사용하며 살게 된 이들 가족에게 어머니가 먼저 함께 D교회에 갈 것을 권유했다. 그러자 J씨는 흔쾌히 교회 문을 두드렸고, 어린이들이었던 이 집 아이들도 아버지가 섬기시는 주일학교에 나오기 시작했다. 그러나 J씨의 남편인 A씨는 교회에 대한 반감이 매우 컸고 자녀들을 거칠게 다뤘다. 당연히 아내와 아이들이 교회 가는 것을 반대했고 그러다 가끔씩 폭력도 썼다.

하지만 남편의 구원을 위해 J씨는 눈물로 기도했다. 한 지붕 밑에서 사는 부모님과 외할머니 역시 함께 기도했고, 믿음의 자세가 흐트러지지 않도록 주의하셨다. 결국 A씨는 한두 해 뒤 아내와 아이들을 따라 교회로 발걸음을 옮겼다.

나중에 A씨는 다 같이 어렵게 살지만 나눔을 실천하고 어린이들을 사랑과 존중으로 대하는 외할머니와 부모님의 모습을 통해 복음을 받아들일 수 있었다며 감사를 표했다. 이후에도 부모님의 전도 열심은 계속되었다.

험난한 개척기를 거쳐 성장하기 시작한 D교회. 부모님에게는 삶의 중요한 자락을 이루는 삶터이자 생업처럼 사역하던 일터이자 믿음의 식구들과 애환을 함께 나누던 쉼터였고, 우리 남매들에게는 가장 재미있는 놀이터이자 부푼 마음으로 미래를 꿈꿨던 꿈터였다. 부모님은 교우들과의 관계 속에서 믿음의 선한 경주를 함께 응원하는 성도의 교제를 몸소 실천하셨고, 우리 남매들은 그 모습을 보며 믿음의 뿌리를 튼튼히 내릴 수 있었다.

화물선이 떠나기 전에

D교회 개척을 돕는 일에 집중하는 한편 아버지는 제조업을 시작하셨다. 큰아버지의 가정문제로 기반을 모조리 잃었고, 교인 대상의 도서 영업을 하기에 너무 담백했던 아버지는 새로 플라스틱 진공성형 사업에 뛰어들었다. 히터로 열을 가해 플라스틱이 말랑말랑해진 상태에서 진공으로 열을 빼내어 포장용기를 만드는 사업이었다. 아버지는 일본 히타치 Hitachi, 日立製作所

사와 기술제휴를 하고 있던 범양전기(이후 1986년 히타치와 함께 합작회사를 설립)와 협력해 이 사업을 어느 정도 성공시켰다.

나아가 김병○ 씨 등과 함께 쿨링 타워(충진기)로 사업영역을 확장했다. 기존 아이템과 연관성 높은 신제품이 고객에게 먹히기 시작한 것이다. 사업은 금세 진척을 이뤘다. 물건을 사겠다고 기다리는 회사들까지 있는데 재료 살 돈이 모자라 제품을 더 만들지 못할 정도까지 이르렀다. 특히 사우디아라비아 등 중동에 진출한 우리나라 건설사들이 이 제품을 많이 찾았다.

30대 중반 아버지는 매우 열정적으로 사업을 펼쳤다. 한 번은 범양전기와 대규모 납품계약을 체결한 후 제품을 열심히 만들고 있었다. 그러나 일정도 촉박한데다 부족한 자금으로 인해 재료 수급까지 늦어져 기한이 임박했는데도 제품을 다 만들지 못했다. 부득이 아버지는 담당자에게 "범양전기에 납품하는 기한은 못 지키지만, 그 제품을 부산항에 정박해 있는 화물선에 싣는 일정에는 차질이 없도록 하겠다."고 설득했다. 그래 봤자 하루 이틀 정도였겠지만 워낙 다급하다 보니 그 시간도 천금 같은 상황이었다.

밤샘 작업 끝에 납품할 제품 제조를 끝낸 아버지는 곧장 화물차에 제품을 싣고 부산항까지 쉬지 않고 달렸다. 그리고 컨테이너 선이 출항하기 몇 시간 전 부산항에 도착해 기업 드라

마의 한 장면처럼 고객사와의 약속을 지켰다.

아버지의 사업이 조금씩 발전하자 교우들도 협력을 원했다. 아버지도 믿음의 식구들과 함께 일할 수 있음은 물론 부족한 자금도 마련할 수 있으니 좋게 여겼다. 그러나 큰 자금을 대기로 했던 교우가 사정이 생겨 투자를 못하게 되자 함께 하기로 했던 다른 교우들도 의견을 번복했다. 이 과정에서 부모님은 동업을 포기한 교우들의 무고誣告 때문에 큰 곤경을 겪기도 했다. 이에 따라 범양전기 협력업체로서의 아버지 사업은 더 큰 발전을 이루지 못했다. 계약을 체결한 후 약속한 기일 내에 납품을 하지 못하는 일이 연거푸 일어나자 불가피하게 협업관계가 끊어졌기 때문이다.

분주한 칫솔공장

이후 아버지는 업종을 전환, 보유하고 있던 진공성형기를 활용해 칫솔 케이스를 만들어 칫솔 제조업체에 납품하셨다. 그러다 얼마 후에는 방앗간이 있는 건물 지하에 공장을 꾸며 부가가치가 더 높은 칫솔을 직접 만들기 시작했다. 칫솔 제조업을 처음 시작하면서 아버지는 회사 이름을 기상화학基上化學이라고 붙이셨다. 두 아들 이름의 앞 글자를 딴 것이었는데 형은 기초를 튼튼히 하고(基) 아우인 나는 그 위에(上) 더 좋은 열매를 맺으라는 뜻이었다. 우리 형제의 이름을 지을 때부터 이런 생각을 하셨던 아버지는 자신이 운영하는 회사도 같은 이름으로 명명하셨다. 그러다 칫솔 사업이 어느 정도 궤도에 오를 즈음 회사명을 성산화학으로 바꾸셨다. 성스러울 성聖에 뫼 산山, 복음을 따라 경영하고자 하는 믿음을 담으셨다.

아버지의 칫솔 공장은 이전 사업에 비해 비교적 활기차게 운영되었다. 처음에는 아주 작게 시작했지만 사업이 잘 되어 마당도 제법 넓고 방도 네 다섯 개 되는 큰 집 지하실 전체를 공장으로 사용했다. 칫솔모를 칫솔대에 심는 기계, 칫솔대 끝에 구멍을 뚫는 드릴링 머신 등 칫솔제작에 필요한 기계와 도구들도 꽤 많았다. 내가 대여섯 살 무렵의 상황이다. 공장에서 일하시는 분들도 부모님을 포함해 열 댓 명이나 되었다. 그 중에는 '은혜 할머니'라는 같은 교회 교인도 계셨고, 어머니의 이종姨從 동생 '점순 이모'도 있었다.

공장 직원들이 빠른 손놀림으로 '성산화학 근제謹製'라는 문구가 적힌 종이 케이스에 완성된 칫솔들을 넣고, 능숙하게 그걸 다시 한 다스씩 작은 상자에 담은 후, 이 상자들을 큰 박스로 포장했다. 낱개 칫솔들을 넣을 때 아버지를 도와 포대를 잡아드렸던 일, 포니 용달을 불러 칫솔 박스를 가득 싣고 구로동으로 납품을 가시는 어머니를 따라 갔던 일, 직원들과 함께 먹을 김장을 담그기 위해 대문 옆에 산더미처럼 쌓여있던 몇 백 포기 배추, 지하 공장으로 내려가는 계단 중간에 있던 젊은 남자 직원들의 숙소에서 나던 아저씨 냄새도 생각난다.

이즈음 성산화학은 확실히 청신호였다. 이에 따라 1980년 '서울의 봄'과 함께 우리 식구에게도 봄이 왔다. 오랜 셋방살이를 끝내고 은행정에 새로 지은 2층 양옥을 장만한 것이다. 신축 주택 지하실은 공장으로, 다른 한 층은 세를 내주고 남은 한 층을 우리 식구들이 썼다.

70년대 말부터 이때까지 대략 2년 정도는 우리 가족 살림살이가 그나마 괜찮았다. 이 시기 여섯 식구만의 전무후무한 바캉스를 일영유원지로 갔던 일, 택시 두 대를 대절해 외가 식구들과 함께 능동 어린이대공원으로 갔던 나들이, 작은누나가 TV 인기 프로그램 '모이자 노래하자'에 출연했던 일, 교우들을 자주 우리 집으로 초대해 함께 식사를 했던 일….

더불어 초등학교에 입학한 내가 당시 가장 비쌌던 '펭귄표' 가방을 멜 수 있었던 일, 아버지가 제 1 야당인 신민당 당료와 신정초등학교 총동문회 임원으로 활동하신 일들이 이를 증명한다. 아마도 어느 정도 먹고 살만했으니 앞만 아니라 옆도 보실 수 있었을 것이다. 큰아버지의 가족 문제에 휩쓸려 갖고 있던 땅과 집까지 모두 잃어 비빌 언덕 하나 없는 상황 속에서도 부모님의 사업은 진전을 이뤘다. 모든 것이 하나님의 은혜였다.

이즈음 몇 년 동안은 큰집 사촌 형도 우리 식구와 함께 살았다. 큰아버지가 은행정을 떠나면서 큰집 사촌 남매 네 명은 뿔뿔이 흩어졌는데 그 중 첫째 형이 우리 가족이 되었다. 10대 후반의 형은 낮에는 칫솔공장에서 일했고 저녁에는 야간고등학교를 다녔다. 여러 이유로 부모님은 큰아버지와 불편한 관계일 수밖에 없었을 텐데도 사촌 형은 입대할 때까지 우리집에서 살았다. 1980년 새해 벽두, 아버지가 경남 진해까지 훈련소로 입소하는 큰집 형을 배웅하고 오셨다.

아버지야 핏줄이니 그렇다고 해도 시조카를 몇 년씩 키운 어머니도 참 대단한 분이다. 그러나 당시에는 큰집 형으로 인해 부모님이 가끔 다투시기도 했고, 더 가끔은 어머니와 사촌 형이 직접 충돌하기도 했다. 이때 사촌 형은 우리 남매들이 '우리 엄마'라고 말하면 어쩌다 화를 내곤 했다. 우리 엄마라고는 하지 말고 그냥 엄마라고 부르라는 요구였다. 부모님은 부모님대로 얼마나 속이 끓었으며, 사춘기였던 형은 형대로 하나하나가 얼마나 서럽고 쓰라렸을까?

큰집 형은 십 수 년 전부터 나와 같은 교회를 섬기고 있다. 하나님께서 부모님의 오랜 기도에 응답해주신 것이다. 환갑을 넘긴 형은 아버지와 어머니에게 진심 어린 존경과 감사를 표하고 있다. 어머니 역시 사촌 형과 그 가족들을 친자식 버금가게 아껴주신다. 어머니는 매일 큰누나네 여섯 식구부터 막내인 우리 집까지 스무 명도 넘는 자녀들과 배우자와 손주들의 이름을 하나씩 부르며 기도하시는데, 이 명단에는 항상 큰집 형 식구들 이름까지 들어간다.

교회의 성장과 진통

비슷한 시기 부모님의 또 다른 공동체 D교회 역시 많은 성장을 이뤘다. 개척 후 3년 여 만에 아담한 건물을 지은 얼마 뒤인 1976년 봄에는 교인수가 150명 정도 되었는데 이때 교회 최초로 장로 2인을 선출했다. 1차 투표에서는 아버지보다 10살 이상 연배가 높으신 L집사님이 3분의 2 이상의 표를 얻어 장로로 선출되었고 30대 중반이었던 아버지는 3분의 2에서 2표가 모자란 2위, 이어서 K집사님이 차이가 많이 나는 3위였다. 이에 따라 1명을 더 선출하기 위해 2차 결선투표가 이뤄졌는데, 의외로 아버지가 아닌 K집사님이 장로로 피택됐다.

사실 나는 이 이야기를 단 한 번도 아버지에게 직접 들은 적이 없다. 이 책을 쓰는 과정에서도 아버지는 이 때 일을 한마디도 언급하지 않으셨다. 그 전에 어머니와 외할머니에게 두어 번 이 공동의회 이야기를 들은 적이 있을 뿐이다. 아버지는 연장자인 두 분, 특히 본인의 권유로 교회 개척의 어려운 길에 합류한 선배의 장로 임직을 진심으로 축하해주셨다. K집사님이 지금보다 엄격했던 장로고시 준비에 자신 없어 하시자 갖고 계셨던 성경주석을 활용해 성심껏 도와주기도 하셨다. 또한 인간적인 아쉬움을 이겨내시고 변함없는 자세로 교회사역에 집중하셨다.

D교회는 이후에도 교인이 계속 늘어나 1977년 5월부터는 주일 낮 예배를 1부와 2부로 나눠드리기 시작했고 재정적으로도 조금씩 튼실해졌다. 인구가 유입되는 지역에 위치하고 있었다는 점, 철저한 심방으로 교인들을 잘 돌본 점, 주일학교를 통해 이들의 부모인 장년 교우들이 늘어난 점 등이 성장 요소가 되었을 것이다.

그러나 모든 것이 헌신자들의 눈물겨운 섬김을 어여쁘게 보신 하나님의 은혜로 이뤄진 일임이 분명하다. 믿음을 부여잡고 복음을 위해 진력한 목회자, 자기 집에서는 보리를 섞어 먹어도 성미는 일반미로만 내는 교우, 어렵사리 모은 돈으로 피아노를 사서 교회에 헌물한 교인, 어떻게든 주변 이웃과 친지들을 전도하고자 힘쓰는 성도, 일주일 내내 노동으로 지친 몸을 이끌고 나와 아이들을 위해 피땀을 흘리는 주일학교 교사, 하나님에 대한 푸르른 사랑으로 교회를 위해 남김없이 에너지를 쏟는 젊은이들, 교회를 위해 눈물로 기도하며 담임목사님 가정의 살림을 당신들 살림보다 더 정성껏 살피시던 외할머니와 K권사님과 H권사님…. 이와 같은 모습들이 분명 하나님의 마음을 감동시켰을 것이고, 값없이 받은 은혜를 값없이 나누는 교회에 하나님께선 더 큰 은혜를 가득 부어주셨다.

더불어 70년대 말 D교회의 성장은 교세가 빠르게 커가는 과정 속에서도 교회의 건강함을 지키기 위한 노력들이 균형 있게 이뤄졌기에 가능했을 것이다. 지금보단 적었지만 당시에도 인근에는 여러 교회들이 있었고 이 교회들이 모두 양적으로 성장한 것은 아니었다. 그러나 이때까지 D교회는 어느 정도 질적으로도 일종의 경쟁력, 즉 교회의 순전함이 비교적 유지되었다.

돌이켜보면 이때 아버지는 건강한 교회를 향한 비전을 분명히 갖고 계셨다. 특히 교회재정에 대한 목사의 지나친 개입은 교회는 물론 목사 개인에게도 좋지 않다는 입장이 명확하셨다. 한 번은 아버지가 다른 분들과 함께 예배 후 헌금을 계수하시는 중에 담임목사님이 봉헌자들과 헌금 액수를 확인하기 위해 가까이 다가왔다. 그러자 아버지는 "목사님은 이쪽으로 가까이 오시지 말아 달라, 교회 살림은 교인들이 잘 관리할 테니 걱정 마시고 목회에 전념해 달라."고 정중하고 분명하게 말씀하셨다. 다행히도 담임목사님 역시 이와 같은 권유를 겸허히 수용하며 목양牧羊에 집중하는 자세를 견지했다.

하나님의 은혜로 몇 년 후 D교회는 다시 한 번 이전했다. 천막교회 3년과 첫 건축 후 4년 여 만에 길 건너편으로 자리를 옮겨 480평 대지에 새 건물을 지은 것이다. 그러나 급하게 먹는 밥은 체하는 법, 이와 같은 과정에서 여러 문제점도 불가피하게 발생했다. 무엇보다 교회는 양적 성장을 질적 성장으로 연결하지 못해 말씀의 깊이를 잃어갔다. 이에 따라 번영신학에 기초한 기복신앙, 인간관계 중심의 교회생활, 현실과 교회 실내에만 머무는 사역의 협소성 등의 한계를 서서히 나타내기 시작했다. 돌봐야 할 교인들이 많아짐에 따라 담임목사가 어려운 분들보다 경제력이 있는 교우들에게 더 많은 관심을 기울이는 일도 발생했다.

한 번은 교회 가까이에서 혼자 사는 어르신이 1년 넘게 병치레를 하고 계신데도 심방을 가지 못하던 목회자가 멀리 사는 재력이 있는 권사님이 가벼운 감기에 걸리자 곧장 심방을 다녀온 일이 있었다. 이를 알게 된 교인들이 자기들끼리만 뒤에서 흉을 보는 사이, 아버지는 담임목사에게 이에 대한 해명을 요청하셨다. 그러자 담임목사님은 늦은 밤 아버지를 찾아와 통금이 해제될 때까지 이야기를 나누면서 더 폭넓고 살뜰하게 교인들을 돌아보지 못했음을 인정했고 진심 어린 고언에 대한 감사도 표했다. 이처럼 D교회는 여러 위험 요소가 증폭되는 가운데서도 나름대로 서로 협력하며 이를 극복해갔고 이에 따라 계속 성장할 수 있었다.

주의 발자취를 따름

앞 차를 따라가며 운전을 한 적이 있다. 내비게이션이 없던 시절, 차를 나눠 타고 가까운 어딘가를 가는데 앞차 운전자는 아는 길을 내가 몰라서였다. 먼 거리가 아니었지만 참 힘들었다. 속도를 맞추기도 어려웠고 두 차 사이로 끼어드는 차들도 많았다. 앞 차가 통과한 신호에 내가 걸려 아예 길을 잃을 뻔하기도 했다.

사실 누군가를 따라간다는 것은 이처럼 힘들다. 하물며 예수님을 따르는 것은 정말 힘든 일이다. 그래서 예수님은 자신을 따라오려면 철저한 자기 부인과 처절한 자기희생이 있어야 한다고 경고하셨다.(마태복음 16장 24절) 그러나 많은 사람들은 예수를 따를 때 수반되는 고통을 가벼이 여긴다. 그러면서도 예수를 따를 때 얻을 수 있는 혜택들을 기대한다.

복음이 제공하는 것은 무엇이든 즐기고 받아들일 용의가 있지만 복음이 요구하는 것은 무엇이든 싫어한다. ('구약에서 찾은 복음', 마틴 로이드존스)

부모님은 예수님을 따르는 일이 즐겁지만은 않다는 사실을 아셨다. 고달프고 힘겨운 일임을 아셨다. 그러나 아버지와 어머니는 계속해서 예수님을 따랐다. 그로 인해 생기는 고통을 이겨내며, 혜택이 별로 없어도 예수님을 따라 가기 위해 애쓰셨다. 나는 아버지와 어머니가 물질의 욕망을 더 채우기 위해, 정신적 유희를 즐기기 위해, 자기 의를 위해 예수님을 따르지 않았음을 잘 안다. 물론 부모님도 때로는 예수님 말고 다른 것을 따랐을 것이다. 곁 길로 간 적도 많고, 방향을 잃고 방황한 적도 있을 것이다. 그러나 두 분은 언제나 원래의 길로 되돌아와 다시 예수님을 따랐다.

그리고 하나님은 부모님에게 예수님을 따를 수 있는 힘과 예수님을 따를 때 누릴 수 있는 참된 기쁨을 허락하셨다. 이를 통해 아버지와 어머니는 주의 발자취를 따름이 힘겹고 외롭지만, 동시에 즐겁고 행복하고 든든한 일임을 증명해 주셨다.

견딤

작은 어려움에도
쉽게 넘어지는 사람이 있고,
커다란 바위 같은 역경도
잘 이겨내는 사람이 있다.
이 차이는 견디는 힘에 있다.
알고 보니
견딤은 하나님의 선물이었다.

견딤

그는 넘어지나 아주 엎드러지지 아니함은
여호와께서 그의 손으로 붙드심이로다 _시편 37편 24절

짧았던 봄날

서울의 봄에 시작된 우리 가족의 새로 지은 이층집 생활은
오래 가지 않았다. 내가 초등학교 입학 후 몇 주 있다가 이사를
와서 같은 해 늦가을에 거처를 옮겼으니 대략 1980년 3월 말부
터 11월 중순까지 7~8개월 정도 살았다. 무일푼으로 다시 시작
해 십 여 년 만에 마련한 2층 양옥집을 금세 떠나야 했던 이유
는 아버지의 사업체가 부도不渡를 맞았기 때문이다. 당시 나는
집안의 경제적 상황을 알 리 없는 초등학교 1학년이었다. 아버
지가 갑자기 잠적하셨고, 어머니는 외할머니에게 우리 남매들
을 맡기고 기도원에 들어가셨던 것만 기억난다.

나중에 부모님끼리 나누는 대화를 통해 잠복 중인 형사들이 아버지에게 피해를 입힌 강 씨 성을 가진 사람을 검거했다는 사실을 알게 되었다. 이때 아버지가 이 사람에게 사기를 당한 건지, 아니면 단순히 이 사람이 운영하는 사업체가 먼저 부도가 나는 바람에 아버지 사업체 역시 연쇄도산을 당한 건지 잘 모르겠다.

괜찮게 운영되고 있던 칫솔공장 매출이 갑자기 줄어들었던 것 같지는 않다. 작은 누이의 기억에 의하면 사세 확장을 위해 칫솔 외에 플라스틱 문구 제조를 시작했는데 이 제품이 잘 팔리지 않았고, 신제품을 만들기 위해 사출기 등에 투자한 금액이 회수되지 못해 자금 흐름이 좋지 않았다고 한다. 여기에 거래처의 사기 또는 도산이 겹쳐 아버지는 결국 부도를 맞았다.

집과 공장을 한꺼번에 잃은 우리 가족은 가까운 거리에 있던 외가 사랑방으로 들어갔다. 허름한 구옥 좁은 방 한 칸에 남아 있는 세간을 들였고 공장에 있던 기계의 일부만 뒤뜰로 옮겨왔다. 몇 주 후 아버지는 축 쳐진 어깨를 하고 돌아오셨고 어머니는 생선을 팔기 시작했다. 그 전부터 오랫동안 시장 노점에서 채소장사를 하고 계시던 K집사님이 큰 도움을 주셨다. 눈이 무척 많이 왔던 그해 겨울 내내 우리 식구들은 끼니마다 쌀밥 대신 소금으로 간만 겨우 맞춘 강력분 수제비를 먹었다.

이 사랑방에서 초등학교 1학년 늦가을부터 3학년 이른 봄까지 1년 반 정도 살았다. 이즈음 이 집으로 편지가 자주 날아들었는데 지금 생각해보면 대부분 금융기관의 독촉장이나 채권자들이 보낸 내용증명이었던 것 같다. 아버지는 뒤뜰 한쪽에 천막을 치고 남아 있는 기계를 돌려 플라스틱 성형업을 재개하셨다. 제과점의 고급쿠키를 담는 투명 케이스, 비행기를 탄 헬로 키티가 그려진 지우개 케이스, 뚜껑을 열고 끼워 필통을 1층과 2층으로 구분하는 후로킹flocking 케이스를 만들기도 하셨다. 신정제일시장에 노점을 차린 어머니는 동태나 고등어 같은 생선을 파셨다. 나중에 어머니는 애써 웃으며 "처녀 때는 비린내가 싫어 근처에도 가지 않던 생선 리어카를 그때 내가 끌게 되었다"고 말씀하셨다.

1981년 늦봄 어느 날, 오후반이어서 오전 10시쯤 학교에 가려고 나서던 참이었는데 물건을 떼러 새벽에 나갔던 어머니가 잠깐 집에 들르셨다. 그 시간부터 두어 시간 교문 앞에서 친구들과 놀다가 학교에 들어가는 게 보통이었던 때다. 아침밥도 못 먹어 풀이 죽은 채 아무도 없는 빈 방 문을 여는데 반갑게 어머니가 오셨다. 이때 나가면 오후 세 시 넘어서 귀가할 때까지, 아니 저녁까지 쫄쫄 굶게 될 터였다.

어머니는 내가 집을 나서기 전에 자신이 도착한 게 천만다

행이라는 표정으로 빠르게 동태찌개를 끓여 늦은 아침밥을 차려주셨다. 그날 먹었던 동태찌개는 참 맛있었다. 아마 엄마의 눈물이 몇 방울은 들어가서 그랬던 것 같다. 지금도 나는 동태찌개를 먹을 때마다 하얀 동태 살과 허연 쌀밥을 조물조물 맛있게 먹던 내 입을 물끄러미 바라보시던 어머니의 눈물과 마주한다.

장롱 속 돈뭉치

비슷한 시기에 11대 총선이 있었다. 이때 아버지는 한국국민당 조직부장으로 활동하셨다. 직전 국회의원 선거인 1978년 10대 때는 신민당 청년부장으로 김영○ 후보의 당선에 일조하셨는데, 그 인연으로 전두환 정권의 정치규제로 출마하지 못하는 김 의원 대신 국민당 이순○ 후보의 선거참모로 일하신 것이다.

여야를 막론하고 돈 선거가 횡행하던 시절이었기에 우리 집 장롱엔 1만 원짜리 현금다발이 가득했다. 아마 족히 1억은 되었을 것이다. 득표활동을 위해 후보가 마련한 돈은 아버지의 관리에 따라 수 십 명의 동책洞責에게 분배되고, 이 돈이 다시 친목회장이나 부녀회장 같은 중간책을 거쳐 일선의 선거운동원들을 통해 입당원서를 제출하는 유권자 호주머니로 흘러 들어가는 구조였다. 그리고 아버지 같은 위치의 사람들은 이 과정에서 '알아서' 자신의 몫을 챙기는 것이 관행이었다.

그러나 아버지는 장롱에 가득한 돈에 일절 손을 대지 못하게 했다. 대신 법으로 정해진 활동비만 받으셨던 것 같다. 사실 아버지의 상황은 3년 전과는 확연히 달라져 이때의 활동은 일종의 생계형 선거운동이었다. 부도를 당해 가장 밑바닥까지 곤두박질친 형편에서 꾸역꾸역 만들어내는 플라스틱 성형제품조차 잘 팔리지 않던 아버지에겐 목돈을 챙길 수 있는 절호의 기회였다.

그러나 아주 정직했던 또는 너무 어리숙했던 아버지는 이 찬스를 이용할 만한 분이 못 되었다. 이런 아버지를 옆에서 지켜보는 어머니의 속은 얼마나 타들어 갔을까? 끊이지 않는 빚 독촉, 삼시 세 끼도 간당간당한 살림살이, 하루가 다르게 쑥쑥 커가는 네 명의 아이들…. 다들 이럴 때 한몫 두둑이 챙기는데 왜 그걸 마다하나 하는 생각이 하루에도 몇 번씩 드셨을 것이다. 그 잘난 자존심과 양심 때문에 식구들 굶기는 남편이 몹시 야속하셨을 것이다. 그러나 어머니 역시 선거운동원으로 일하며 일당을 받으셨던 걸 보면 결국 아버지 뜻을 따랐던 것 같다.

외갓집 사랑방

　이것저것 제품을 만들었지만 아버지의 당시 수입은 빚을 갚는 데도 턱없이 부족했다. 우리 식구는 어머니가 행상으로 버는 돈으로 겨우 생활하고 있었다. 주구장창 수제비만 먹던 어느 날 아침, 큰이모가 준 쌀밥 한 그릇이 상 위로 올라왔다. 수북한 밥 딱 한 공기였다. 반가운 마음에 큰누나가 가장 먼저 그걸 먹었다가 어머니에게 위아래가 없다고 꾸중을 들었다. 나는 그때 일곱 살 위 큰누나가 우는 모습을 처음 보았다. 아마 크게 혼나서가 아니라 밥 한 그릇 때문에 큰 소리 나는 상황이 서러워 중학생이었던 큰누이는 울음을 터트렸을 것이다.

　또 한 번은 아버지가 많이 편찮으셨는데 집에 약을 지어 올 돈이 하나도 없었다. 어머니는 시름시름 앓고 계신 아버지 머리 위에 물수건을 올려 주시며 막내인 나에게 고모 댁에 가서 약값을 빌려오라고 하셨다.

　떨어지지 않는 발걸음이지만 어머니 말씀대로 언덕 위 고모네로 갔다. 그러나 그 집 안으로 들어가지는 못했다. 대신 집 앞을 잠깐 서성이다 온 동네를 빙빙 돌았다. 두세 시간이 지나고 돌아온 나는 "엄마! 고모가 돈이 없데요."라고 거짓말을 했다.

　이때 나는 아홉 살이었다. 이런 거짓말은 금방 들통 난다는 생각을 했는지 못했는지는 모르겠다. 그냥 무슨 말이라도 해야 할 것 같아서 그랬던 것 같다. 이 말을 들은 어머니는 어떻게 그럴 수 있냐며 목소리를 높이셨지만, 다행히 아버지는 다 안다는 말투로 "그게 아니고 고모네 집에 아무도 없었지? 괜찮다!"고 하셨다. 그러자 어머니 역시 속사정을 알았다는 듯 나무라지 않으시고, 다른 집에서 빌려준 돈으로 사온 약을 아버지가 드셨다면서 나를 안심시키셨다.

기도 부자 어머니

이 정도로 힘들었던 상황에서 아버지가 한 번도 악다구니를 부리지 않았다고 말한다면 그건 거짓말이다. 그러나 우리 남매들에게 자신의 감정을 퍼부은 적은 한 번도 없다. 두 어 번 밖에 안 되었지만 그때는 아버지의 악에 받힌 몸부림이 무섭고 싫었다. 하지만 지금은 그 정도까지만 무너졌던 아버지의 인내심이 대단하셨다는 생각이 든다. 그때와 같은 상황을 지금 내가 만난다면 나는 정신 줄을 완전히 놓쳐버리고 말 것 같다.

어머니의 강인함 역시 놀라웠다. 새벽 일찍부터 오후 늦게까지 비린내보다 더 참기 힘든 사람들의 모멸감을 이겨내며 노점에서 생선을 파셨고, 중3부터 초2까지 줄줄이 이어진 네 남매를 진력을 다해 돌보셨다. 거기에 외할머니와 친정 식구들의 눈치를 보며 사업 실패의 충격에서 벗어나지 못하는 남편의 속

사정을 헤아려야 하는 마음고생도 참 힘들었을 것이다.

그렇지만 어머니는 어려울수록 하나님 손을 더욱 굳게 붙잡으셨다. 어머니의 형편은 찢어지게 빈곤했지만 어머니의 기도는 누구보다 풍성했다. 집에서도 수시로 기도하셨고, 저녁마다 교회에 나가 온 힘을 다해 기도하셨다. 늦은 밤부터 새벽까지 기도하다 통금시간이 지난 뒤에야 집으로 돌아오는 일도 부지기수였다. 또한 본 교회는 물론 인근교회에서 열리는 부흥회에도 참석해 오직 하나님의 은혜를 구하셨다.

한 번은 언덕 너머 C교회에서 부흥회가 열렸는데 어머니는 부흥회 저녁예배마다 형과 나를 데리고 가셨다. 그 며칠 동안 어머니가 형과 나의 손을 양쪽으로 잡고 눈물을 흘리며 부르시던 '나의 영원하신 기업 생명보다 귀하다', '주님 뜻대로 살기로 했네', '승리는 내 것일세' 찬양이 지금도 귀에 맴돈다. 그러자 하나님께서는 고난을 이겨낼 수 있는 용기와 희망을 어머니와 우리 가족들에게 날마다 부어주셨다.

이때 어머니의 사촌 형부가 격앙된 모습으로 우리 집에 자주 오셨다. 어머니가 '정릉 형부'라고 부르던 이분으로부터 부모님이 사업 자금을 빌리셨는데 꿔준 돈을 받고자 여러 차례 방문을 하셨던 것 같다. 몇 차례 말미를 주셨지만 더 참지 못하게 된 이 분에게, 어머니는 어쩔 수 없이 우리 네 남매 교육보험을 모두 깬 후 그 해약금으로 빌린 돈을 모두 갚으셨다. 무슨 일이 있어도 애들 공부시킬 돈은 끝까지 지키려 했지만 다른 방도가 없었을 터였다.

미안한 마음이 생긴 형부는 정릉에서 집으로 돌아오는 처제에게 택시 타고 가라며 몇 푼의 차비를 손에 쥐어주셨다. 그러나 택시 대신 버스를 몇 번씩 갈아타고 귀가하신 어머니는 그 돈조차 모두 헌금으로 드리셨다. 그러면서 이렇게 눈물로 기도하셨다.

"하나님! 이제 저희 아이들 가르칠 돈이 한 푼도 없습니다.
네 아이들 학교 보낼 방도가 전혀 보이지 않습니다.
하지만 이 물질까지도 하나님께 드립니다.
하나님이 우리 네 남매를 가르쳐주실 줄 믿습니다.
제 자식들이기 전에 하나님 자녀들이니 하나님이 책임져주세요."

과부의 두 렙돈(마가복음 12:41)을 기뻐하셨던 하나님, 당신의 자녀들을 결코 방치하지 않으시는 하나님께선 어머니의 기도를 들어주셨다. 어려운 여건 속에서도 우리 네 남매는 모두 남들만큼 공부를 할 수 있었기 때문이다. 오직 하나님의 은혜였다.

하나님의 능력이 몹시도 의심되는 캄캄한 현실 속에서도 어머니는 신실하신 하나님의 인격에 대한 신뢰를 조금도 철회하지 않으셨다. 아니, 희망이라고는 눈곱만큼도 보이지 않는 상황 가운데서도 하나님은 어머니와 우리 가족을 단 1초의 틈도 없이 도우셨다.

믿음을 움켜잡는 아버지

이 시기 아버지는 교회 출석을 못하고 계셨다. 사업 실패로 인한 자괴감과 교우들의 부담스러운 시선 때문이었을 것이다. 그러나 아버지 역시 그럼에도 불구하고 하나님만을 부여잡았다. 이때 아버지는 한숨과 탄식이 가득한 목소리로 '주여'라는 혼잣말을 자주 하셨다.

형은 그 전부터 줄곧 반장을 하고 있었고 이때는 나도 2학년 학급 반장이 되었다. 키가 겨우 110cm를 갓 넘겼던 꾀죄죄한 내가 반장이 된 며칠 후, 선생님은 퉁명스러운 말투로 '반장은 보이스카우트를 해야 한다'며 집에 가서 부모님께 말씀을 드리라고 했다.

나는 입회비나 단복비 등을 생각할 때 보이스카우트를 할 수 없음을 알았지만, 부모님께 말씀을 드리고 오라는 말은 지켜야 할 것 같았다. 반장이니까 선생님이 시킨 건 꼭 해야 한다고 생각했나 보다. 이 말을 할 때는 흙벽에서 떨어진 황토가루가 스르륵 소리를 내며 벽지 속으로 떨어지던 사랑방에 아버지와 나만 있었다.

"아빠, 선생님이 반장은 보이스카우트를 해야 한다고 하는데 저는 안 할 거예요. 선생님이 부모님께 물어보라고 해서 그냥 말씀만 드리는 거예요."

그러자 아버지는 낮은 목소리로 "알았다. 내년에 가입해."라고 하셨다. 뒤이어 신음처럼 "주여"하고 소리 내셨다.

아이 셋을 키우다 문득 '내가 이 아이들을 잘 키울 수 있을까?'하는 걱정이 들 때면 나 역시 아버지처럼 "주여"하고 하나님을 부른다. 지금 내가 처한 상황은 아버지에게 닥쳤던 위기에 비하면 아무 것도 아님을 상기하며 다시 한 번 두 주먹을 불끈 쥔다. 어려움 중에서도 주님을 부르며 하나님 은혜를 구하셨던 아버지처럼, 나 역시 하나님만 의지하겠노라 다짐한다. 훨씬 더 가파른 고개에서도 아버지를 놓지 않으셨던 하나님의 굳센 팔이, 완만한 오르막길을 넘어가는 나를 변함없이 붙잡아 주실 것을 확신한다.

1년 여의 공백 뒤 1981년 말 아버지는 교회로 복귀하셨다. 아버지가 다시 예전처럼 열정을 다해 교회를 섬기시는 날을 위해 날마다 무릎 꿇으신 어머니의 기도에 하나님이 응답하신 것이다. 또한 아버지와 우리 가족을 염려하며 기도해주신 목회자를 비롯한 여러 교회 식구들 덕분이었다. 사업에 진전이 생겼거나 새로운 기회가 생겼기 때문은 아니었다. 상황은 전혀 바뀐 것이 없지만 하나님의 은혜로 아버지가 마음을 추스르실 수 있었기 때문이었다. 무엇보다 믿는 자의 중요한 의무인 교회 사역에 계속 손 놓고 있을 수는 없다는 생각이 컸을 것이다.

그 사이 D교회는 두 번째로 건축한 건물에서도 차근차근 성장했다. 외할머니는 1981년 늦가을 교회 설립 후 두 번째로 이뤄진 임직식에서 교회 최초의 권사가 되었다. 이 임직식에 대한 기억은 많지 않다. 할머니가 제법 비싼 한복을 맞춰 입으셨던 일, 외삼촌이 임직헌금을 요구하는 교회에 대해 불만을 터트렸던 일, 어머니가 공백 중이신 아버지가 임직을 받지 못해 많이 아쉬워했던 일 정도가 생각난다. 기억의 퍼즐들을 맞춰보면 아버지는 이 임직식이 끝나길 기다리셨다가 교회에 복귀하셨던 것 같다. 아마도 담임목사와 교우들에게 부담을 주지 않으시려는 의도가 아니었을까 짐작한다.

넓은들 마을 외딴 별장

외갓집 사랑방 생활이 끝난 건 1982년 3월 하순이었다. 우리 식구는 넓은들 마을 너머 지양산 기슭 외딴 별장으로 이사

했다. 이 별장은 업무관계상 아버지와 알고 지내는 어느 금융기관 지점장 소유였는데, 그분이 잘 사용하지 않는 이곳을 우리 가족에게 빌려줬다. 은행정과 약 3km 떨어진 넓은들 부락은 취락구조 마을로 조성되어 남부순환로 가까운 쪽으로 고급 양옥들이 잘 정돈되어 있었다. 넓은들이라고 부르기도 했던 이 마을을 지나면 길이 한적했다. 좁은 길을 따라 몇 분을 걸으면 길 양쪽으로 기다랗게 들어선 양계장이 나왔다. 닭똥냄새를 맡으며 이곳을 지나 작은 도랑을 건넌 뒤 논둑을 5분 정도 더 걸으면 별장 쪽문이 있었다. 거기서 또 넓은 뜰을 지나야 별장 건물이 나왔다.

낮은 산 중턱에 있던 이곳의 동서남북 400m 안에는 아무도 살지 않았다. 좁은 산길을 따라 5분 넘게 걸어가면 돼지를 키우는 집만 겨우 하나 있었다. 별장 부지는 꽤 넓었다. 경계마다 콘크리트 기둥을 듬성듬성 박은 뒤 철조망으로 연결했는데 작은 아파트 단지 하나는 될 만한 면적이었던 것 같다.

일본식 목조건물 느낌을 약간 풍기는 별장엔 방이 세 개였다. 그 중 두 개는 우리 가족이 썼고, 뒷문으로도 드나들 수 있는 나머지 방 하나는 건물을 관리하는 분들이 썼다. 누나들이 쓰던 작은 방 책장에는 책이나 장식품 같은 주인집 물건들이 그대로 있었다.

아버지는 이곳에서 토끼 사육을 시작하셨다. 동물을 기르는 일은 그 전부터 아버지가 잘하던 일 중 하나였다. 제조업으로 는 더 이상 현실 타개가 힘들다고 판단한 끝에 축산업으로 재 기를 노렸던 것 같다. 더불어 논농사도 몇 마지기 지셨고 밭농 사도 병행하셨다.

별장으로 이사 왔을 때 큰누나는 고등학교 1학년, 작은누나 는 중학교 2학년, 형과 나는 초등학교 5학년과 3학년이었다. 신 트리와 넓은들 마을 사이에 새로 생긴 금옥여고와 여중을 다니 던 누이들은 30분 정도 걸어서 학교를 다녔지만, 형과 나는 근 처에 학교가 없었기 때문에 이사 오기 전부터 다니던 양동초등 학교를 계속 다녀야 했다.

아침 일찍 일어나 신월동 버스 종점까지 30분 정도 걸어간 다음, 거기서 303번이나 328번 버스를 타고 등교했다. 끝나는 시간은 서로 달라 귀가할 때는 따로 왔는데 나는 보통 한 시간 씩 그냥 걸어서 돌아왔다. 나중에는 형이 양계장 길 말고 판잣 집들이 있는 신월동 쪽 지름길을 알아내서 형과 함께 걸어서 학교에 갔다.

별장 밑 비닐하우스에서 아버지가 기른 토끼는 '렉스'였다. 앙고라토끼처럼 털도 쓰면서 고기도 먹을 수 있는 품종이었다. 아버지는 정성을 다해 토끼를 기르셨다. 갓 태어난 새끼들에겐 손수 주사도 놔주셨고, 어미 토끼에겐 더 좋은 풀을 먹이셨다. 집 근처 풀이 모자라 짐 자전거를 타고 지금 목동운동장 근처 습지까지 토끼 여물을 하러 가시기도 했다. 형과 나를 둘 다 자전거에 태우고 다녀오신 적도 있다.

아버지는 가끔 토끼풀 속에서 찾아낸 네잎클로버를 챙겨오셔서 우리 남매들에게 건네주셨다. 교회 아이들이나 이웃들에게도 곱게 말린 네잎클로버를 선물해주셨다. 이때부터 십 수 년이 지난 뒤 당시 아버지로부터 받은 네잎클로버를 아직도 갖고 있다며 자랑처럼 보여주던 교회 동기도 있었다. 아버지는 사람들에게 네잎클로버가 그려진 예쁜 수채화를 한 폭씩 그려주신 셈이다. 아버지는 행운이라는 꽃말을 가진 네잎클로버를 주위 사람들에게 다정하게 건네주시며 자신의 행운을 기도하시고, 또 행복이라는 꽃말의 세잎클로버를 토끼들에게 먹이며 모두의 행복을 기대하셨으리라.

뜸부기로 도와주시는 하나님

행정구역상 서울이긴 했지만 동네 어디 하나 도회지 풍경이 없던 이곳에서 아버지는 가끔 뜸부기를 잡으셨다. 물이 찬 논에 사는 뜸부기는 매우 귀한 새다. 지금만큼은 아니지만 그때도 귀했다. 그런데 놀랍게도 이 희귀한 새가 쌀이 바닥나고 차비가 떨어질 때마다 아버지 눈에 들어왔다. 다른 사람들은 보는 일도 드문 뜸부기를 신기하리만치 잘 발견한 아버지는 그 새를 잡아 한약방에 파셨다. 값이 얼마였는지는 모르나 우리 가족에게 매우 요긴한 돈이 되었던 것은 분명했다. 이런 일이 몇 번씩이나 있었다며 뜸부기 이야기를 하시는 어머니는 우리 식구들을 굶어 죽지 않게 하신 하나님의 도우심이라고 고백하신다. 나 역시 그리 믿는다.

렉스 토끼들은 잘 자랐고 수도 늘어났지만 돈이 되진 못했던 것 같다. 아버지는 주력 업종이 시원치 않자 다른 돈벌이도 하셨고 어머니는 배추나 무 같은 채소를 버스 종점 옆 시장에 내다 파셨다. 학교 가는 길, 채소를 가득 실은 리어카를 끌고 횡단보도도 없던 남부순환로를 건너가시던 어머니의 뒷모습이 생각난다. 그 모습을 보며 나는 빠르게 달리는 자동차가 우리 엄마를 치면 어떻게 하나 하고 조마조마했다.

이때도 어머니는 변함없이 초인超人의 힘을 발휘하셨다. 아침마다 도시락을 몇 개씩 싸셨고, 힘겹게 농작물을 뽑고 묶어 시장에 내다 파셨다. 여섯 식구 손빨래를 하셨고, 장작을 때워 방을 덥혔다. 토요일 오후에는 어김없이 교회로 가서서 다음 날 식사 준비를 하셨고, 주일에는 하루 종일 교회에서 예배하고 봉사하고 교제하셨다. 이제 갓 마흔이 된 어머니에겐 365일

동안 단 하루, 아니 반나절의 여유도 없었다.

　개나리가 피기 시작할 때 이사 온 별장에서 봄을 보내고 여름을 지내고 가을이 왔다. 부모님이 다시 툇마루 아래쪽 아궁이에 장작불을 지피기 시작할 무렵, 큰 사건이 일어났다. 뒷방에 살면서 건물을 관리하던 아주머니가 가까운 숲 속에서 농약을 마시고 스스로 목숨을 끊은 것이다. 주일 이른 아침, 우리집을 찾은 외삼촌이 변사체를 발견했다.

　이 일로 우리 가족 모두, 특히 어머니는 매우 큰 충격을 받으셨다. 입구는 따로 있었지만 외딴 건물에 같이 살던 분이 집 바로 옆에서 스스로 목숨을 끊었으니 얼마나 섬뜩했을까? 부모님은 무연고자에 가까웠던 이 분의 장례를 잘 치러주셨고, 사건이 수습된 얼마 후 우리 식구는 또 이사를 갔다. 공포영화의 배경 같은 이곳에서 계속 살긴 힘들었을 것이다. 임시로 거처를 외가로 옮겨 한두 주를 지낸 우리 가족은 외발산동 판잣집으로 이사를 갔다.

　아버지의 사업체가 부도를 맞은 후 2년 정도가 지난 시점, 우리 가족의 시계視界는 제로zero에 가까웠다. 그럼에도 불구하고 부모님은 더욱 하나님께 의지하셨다. 어려운 형편이 나아지기는커녕 엎친 데 덮친 격으로 더욱 힘들어지는 현실 속에서도 아버지와 어머니는 평안을 유지하셨고 소망을 잃지 않으셨다. 두 분은 흐트러짐 없는 모습으로 예배하셨고, 변함없는 자세로 교회를 섬기셨고, 진실한 태도로 이웃들과 교류하셨다.

외발산동 판잣집

1982년 가을부터 1992년 가을까지, 우리 식구가 꼬박 10년을 살았던 외발산동 집은 그 전 집들보다도 훨씬 조악했다. 판자와 콘크리트와 비닐과 쇠파이프 같은 여러 가지 재료들로 만들어진 이 집 뒤로는 생활하수가 흐르고 있었고, 바로 옆에는 김포공항에서 나오는 쓰레기를 처리하는 곳이 있었다. 논밭과 허름한 집들과 혐오시설이 뒤섞인 어수선한 동네에는 밤마다 공항로를 질주하는 자동차의 굉음이 들려왔다.

아버지는 이곳에서 토끼 대신 개를 사육하기 시작하셨다. 같은 축산업 중에서 좀 더 환금성이 높은 방법을 모색하셨던 것이다. 하지만 이 역시 성과가 좋지 않았고 여전히 가계의 일정 부분을 어머니가 짊어지셨다.

1983년 연말이었다. 아버지는 외지로 나가셔서 일을 하셨던 것 같고 어머니 역시 겨울 몇 달 동안 청진동 해장국 집에서 숙식을 하시며 일하셨다. 은행정 외가에서 고등학교를 다니던 큰누나가 살림을 하러 겨울방학 동안 집으로 돌아왔고, 같은 또래보다 엄마에 대한 애착이 심했던 나는 엄마와 떨어진 설움에 애꿎은 누나들에게 떼를 쓰곤 했다.

어머니가 몇 주 만에 집으로 돌아오시는 날, 우리 네 남매는 다 함께 버스정류장까지 마중을 나갔다. 바람이 심하게 부는 아주 추운 겨울 밤이었지만 달빛은 밝았다. 모처럼 만난 엄마 때문에 신이 난 나는, 돌아오는 길에 동네가 끝나고 수로 둑길이 시작될 때부터 형과 함께 뒤로 걸었다. 칼바람을 등으로 막으면서 걸으면 덜 추웠기 때문이다.

위험하다는 어머니와 누나들의 경고에도 아랑곳하지 않고 형과 나는 계속 뒤로 걸었다. 그러다 그만 내가 발을 헛디뎌 도랑 밑으로 내려갔다. 다행히 아주 가파른 절벽은 아니라 중간쯤에서 돌부리를 잡고 멈췄기에 망정이니 잘못했으면 정말 큰일 날 뻔했던 순간이었다.

오두막이라고 부르기에도 시원찮은 집이었지만 우리 식구는 오순도순 살았다. 비슷한 시기에 큰집 사촌누나들이 얼마간이 좁은 집에서 같이 지낸 일도 있다. 하지만 실존의 궁핍은 점점 더 강하게 우리 가족을 옥죄었다. 외발산동으로 이사 간 뒤 5~6년 동안 특히 그랬던 것 같다. 멀리 떨어진 가게에서 새끼줄로 묶어준 연탄 한 장을 양 손을 바꿔가며 들고 왔던 일, 어머니가 말도 아니라 되로 사온 쌀로 밥을 지어 주셨던 일, 식수가 끊겨 멀리 떨어진 이웃집에서 눈치를 주며 양동이에 담아

준 물을 낑낑대며 나르는 형 꽁무니를 졸졸 좇아갔던 일이 생각난다.

이때부터 형에겐 미안한 일이 많다. 두 살 터울이었지만 이 시기엔 키 차이가 많이 나서 언뜻 볼 땐 네다섯 살 차이로 보였다. 게다가 어머니는 장남인 형에겐 정서적으로 의지를 많이 하시는 반면, 막내인 나는 더욱 측은히 여기셨던 것 같다. 이에 따라 잔심부름은 대부분 내가 했지만 물을 나르거나, 곤로에 넣을 석유를 사오거나, 장사하시는 분이 입구까지만 가져다 놓은 연탄을 아궁이 옆으로 들여놓는 일처럼 힘이 필요한 심부름은 형이 많이 했다.

형은 중학교 입학을 앞둔 겨울, 어머니와 엿 공장에 가서 며칠 동안 일을 하기도 했다. 어머니가 일하고 계시던 이 공장에서 사람이 더 필요하다고 하자 어머니는 키가 커서 고등학생 정도로 보이니까 괜찮다며 형을 데려가셨다. 형은 군말 없이 어머니를 따라가 사나흘 일을 하고 일당을 받았다. 그 돈은 당연히 생활비로 쓰였다. 그때 공장에서 얻어온 넓적하고 커다란 엿을 부엌칼을 대고 망치로 잘라 맛있게 먹었던 기억도 난다.

우리들의 행복한 가정예배

외발산동의 허름한 판잣집에서 우리 가족은 날마다 가정예배를 드렸다. 주일을 제외한 매일 밤 그랬다. 때론 실의에 빠진 아버지가 빠진 채 예배를 드리기도 했고, 가끔은 두 분의 다툼으로 인해 드리지 못한 적도 있지만 10여 년 동안 우리 가족은 가정 제단의 맥을 이어갔다.

아주 어릴 땐 예배를 드리면 기분이 좋아지곤 했다. 나는 기억이 나질 않는데 어머니는 내가 가정예배 때 "하나님! 밥 많이 먹게 해주세요."라고 기도한 적도 있다고 하신다. 하지만 나이를 한두 살씩 먹으면서 이런 예배를 꼭 드려야 하나 하는 생각이 들기 시작하더니 사춘기 무렵부터는 가정예배에 대해 심각한 회의가 들었다. 종교의식에 지나지 않는 가정예배가 현실의 아픔을 잠시 잊기 위해 놓는 진통제처럼 여겨졌고, 가정예배에 참석하는 나 자신과 가족 모두가 위선자처럼 보이기도 했다.

그러나 지금 돌이켜보면 절대 그렇지 않다. 대궐 같은 집이 아니라 판잣집 단칸방에서 드리는 우리 가족의 예배가 하나님 보시기에 얼마나 흐뭇하셨을까? 몸도 마음도 녹초가 된 식구들이 모여 피곤한 몸과 불편한 마음을 이겨내며 드리는 예배가 하나님께는 얼마나 대견한 모습이었을까? 하나님은 분명히 감사하기 힘든 순간 감사를 고백하고, 은혜를 기대하기 힘든 여건 속에서도 은혜를 간구하는 부모님과 누이들과 형과 나를 어여삐 여기셨을 것이고 사랑스러운 눈으로 바라보셨을 것이다.

나는 이때의 가정예배를 통해 예배는 기분이 좋을 때든 좋지 않을 때든 드려야 하는 것임을 배웠다. 믿는 자는 상황이 어떠하든지 삶을 지속하는 한 계속 예배해야 함을 알게 되었다. 현실이 암흑 같고 감정이 불쾌해도 예배는 포기해선 안 될 희망임을 체험했다. 판잣집에서 드리는 가정예배를 통해 삶이 예배가 되어야 함을 깨달았고, 예배가 되는 삶을 위한 예배의 위력을 실감했다. 때론 자리를 박차고 일어나 예배의 장소를 벗어나고 싶은 순간, 예배의 자리를 지키는 것만으로도 나와 누군가와 그리고 하나님에게 의미가 될 수 있음을 느꼈다.

나아가 그때는 깨닫지 못했지만, 지붕 위로는 시궁쥐가 돌아다니고 한겨울에는 머리맡에 둔 냉수에 얼음이 어는 어두컴컴한 방에서 드렸던 이 예배가 하나님이 우리 가족에게 비춰주시는 한 줄기 빛이었다고 확신한다. 하나님께서는 빛이 없어도 부모님에게 환하게 다가오셨고, 음성이 없어도 우리 네 남매에게 당신의 목소리를 똑똑히 들려주셨다. 두 세 사람이 당신의 이름으로 모일 때 항상 함께 하시는 하나님께선 벽 사이로 황소바람이 숭숭 들어오는 판잣집 한 쪽에 들어와 앉으셨고, 달랑 김치 하나 놓고 먹는 식사 때마다 우리 가족과 함께 앉아 맛있게 밥 한 그릇을 뚝딱 비우셨고, 우리 여섯 식구의 기도를 토시 하나까지도 놓치지 않고 모두 들어주셨다.

철거반이 부숴버린 보금자리

1984년쯤 어느 주일 저녁이었다. 내 기억에 이때 누나들은 없었고 부모님과 형과 나만 저녁예배 후 교회에서 집으로 돌아왔다. 그러자 눈앞엔 질겁할 광경이 펼쳐져 있었다. 비록 볼품은 없지만 아늑했던 우리 집을 누군가가 깡그리 부숴놓은 것이었다. 나무기둥들을 모조리 꺾어 놔 지붕이 방바닥까지 내려앉아 있었다. 조잡한 살림살이들은 지붕에서 쏟아진 잡동사니들과 섞여 난장판으로 변해 있었다.

당시 전두환 정권은 1986년 아시안게임을 준비하며 공항에서 도심으로 가는 길에 보이는 무허가건물들을 계속해서 철거하고 있었는데, 그날은 철거반이 우리 동네 집들을 해치웠던 거였다. 부모님은 곧장 형과 나에게 가방을 챙겨 신정동 외가로 가라고 하셨다. 어린 나이였지만 어떻게 되었을까 걱정했는데 다음 날 학교에 갔다 돌아오니 집이 거의 완벽하게 고쳐져 있었다. 아버지와 어머니가 밤새워 집을 고치셨던 것이다.

이처럼 생존에 대한 위협이 우리 가족의 숨통을 조여오고 있었지만 우리 식구는 여전히 D교회를 섬겼다. 아버지는 별장에 살 때부터 교역자 없이 유치부 부장으로 사역하고 계셨기 때문에, 외발산동으로 이사를 온 후 처음 두세 달 동안은 주일 아침 7시 반쯤 형과 나를 데리고 집을 나섰다. 그 뒤엔 다행히 교회에 승합차가 생겨 내발산동까지 10분 정도 걸어 나가 9인승 봉고를 탔다.

생계를 위협 받는 모진 상황 속에서도 부모님은 어려움을 견뎌내며 이전처럼 변함없이 믿음을 일궈 가셨다. 이즈음 어느 평일 낮에 나 혼자 집에 있는데 아버지 또래 남자 집사님 두 분이 오셔서 라면을 한 박스씩 주고 가셨던 일도 생각난다. 아버지가 예배 때 대표 기도하실 때 참 은혜가 되었다고 이야기하던 교인들도 많았다. 어느 권사님은 70년대 중반 교회에 처음 오셨을 때 아버지가 기도를 인도하셨는데, 그 기도를 듣고 등록을 결정하셨다는 말씀을 청년이었던 내게 몇 번씩이나 말씀하시곤 했다.

개척 초기부터 오랫동안 재정과 교육부서를 함께 맡으셨던 아버지는 어린이와 청소년들을 참 좋아하셨고 이들 역시 아버지를 잘 따랐다. 신정교회 때도 그러셨고 D교회 때도, 그리고 그 이후에도 아버지는 아이들에게 인기가 많으셨다. 특히 아버지는 엄마 혼자 믿는 집이나 어려운 집의 아이들을 더욱 포근히 대하셨다. 홀로 되신 어머니의 세 자매 중 장녀인 내 동기는 어린 시절 교회에서 아버지가 자신을 만날 때마다 이것저것 관심을 가져주시며 격려해주셨던 일을 뚜렷하게 기억하고 있는데, 이런 내용을 편지에 담아 칠순을 맞았던 아버지께 감사와 축하를 표하기도 했다.

나보다 나이가 두 살에서 예닐곱 살 적은 후배들은 아버지가 유치부를 맡으셨을 때 유치부 어린이들이었는데, 이 후배들 역시 아버지가 흥미롭게 하셨던 설교나 신나게 만들었던 장난들을 기억하고 있다.

1984년 초겨울 아버지는 안수집사 임직을 받으셨다. 이날 아버지보다도 더 기뻐하셨던 어머니의 모습이 또렷하게 기억난다.

죽으면 죽으리라

힘은 드시지만 그래도 표시도 나고 남들이 어느 정도 알아주는 역할을 하셨던 아버지와는 달리 어머니는 교회에서 이름 없이 빛도 없이 온갖 궂은일을 맡아 하셨다. 특히 어머니는 오랫동안 붙박이로 주방에서 봉사하셨다. 어린 시절부터 성실하게 교회를 섬기는 것이 하나님을 열심히 섬기는 것이라 믿었던 어머니는 그 믿음 그대로 사셨다.

이즈음 어머니는 가정예배 때 '죽으면 죽으리라(에스더 4:16)'는 에스더의 고백으로 자주 기도하셨다. 돌이켜보면 죽으면 죽겠노라는 어머니의 기도는 성경의 인용이자 하나님의 도움만을 간절히 구하는 결연한 의지의 고백이었다. 기도만이 아니다. 어머니는 정말 죽으면 죽을 수도 있는 날들을 보내고 계셨다. 일주일 내내 새벽부터 밤늦게까지 장사와 집안일로 초죽음이 되셨을 텐데, 주일에는 이른 아침부터 교회 주방에서 일하시다가 저녁예배까지 마치고 귀가하셨다.

1980년대 말까지 우리 집엔 냉장고도 없었고 세탁기도 없었다. 음식은 석유 곤로와 연탄불을 이용해 만들었고, 심지어 물도 옆집 수도를 긴 호스로 연결해 큰 고무 양동이에 받아놓고 썼다. 겨울에는 곤로로 물을 덥히거나 연탄아궁이 뚜껑에 연결하는 기계로 물을 데운 뒤 양동이 속에서 꽁꽁 얼어버린 얼음과 섞어 세수를 하고 빨래를 했다. 이런 집의 변소는 지금도 묘사하고 싶지 않다.

이런 환경 속에서 어머니는 어떻게 살림을 하셨을까? 외할머니까지 일곱 식구가 같이 산 기간도 몇 년씩 되었는데 그 많은 식구들의 밥과 설거지와 빨래를 하시면서 어머니는 얼마나 힘이 드셨을까? 어떻게 허리 한 번 제대로 펴지 못하면서도 쓰러지긴커녕 몸살이나 감기도 잘 걸리지 않으셨을까?

아니다. 이때 어머니는 밤마다 탈진하셨을 것이다. 어머니의 팔과 다리와 어깨는 밤새도록 쑤셔댔을 것이다. 그럼에도 불구하고 아플 수 없었던, 아프면 안 되었던 어머니. 이 어머니가 아프지 않게, 피곤을 물리칠 수 있게, 고통을 견뎌낼 수 있게 하나님이 친히 도와주셨던 것이 분명하다.

심지어 어머니는 이런 상황에서 금식기도도 자주 하셨다. 잘 입지도, 잘 주무시지도, 잘 드시지도 못하면서 어머니는 금식까지 하시면서 하나님께 '죽으면 죽으리라'는 심정으로 매달리셨다. 체력이 다 소진되어 기진맥진할 때까지 일하시는 어머니, 드시는 음식조차 영양가 있는 것이라곤 별로 없던 어머니는 어떻게 금식까지 하시면서 기도하실 수 있었을까?

앞길을 막고 있는 바위는 꿈쩍도 하지 않았지만 부모님은 여전히 하나님만을 붙잡으셨다. 기나긴 어둠의 터널 속에서 아버지와 어머니는 하나님 외에 누구에게도 눈길을 주지 않으셨다. 아버지는 지속되는 경제적 궁핍에 따른 주변의 눈총을 이겨내며 교회를 위해 헌신하셨고 어머니 역시 교회 일이라면 항상 소매를 걷어붙이셨다. 맡은 자에게 구할 것은 충성이라 믿으며 두 분은 물질로 더 드리지 못해 죄송한 마음을 몸을 써서라도 하나님을 위해 더욱 헌신함으로 만회하려고 애쓰셨다.

리어카로 채소행상을 하시던 어머니는 자투리 시간조차 쉬지 않으셨다. 점심시간을 이용해 근처 카센터에서 손세차를 하신 것이다. 주님께 드리고 싶은 마음은 크지만 드릴 것이 적었던 어머니는 조금이라도 더 드리기 위해 두 시간 동안 땀 흘려 번 세차비 전부를 형과 내 이름의 건축헌금으로 드리셨다. 하나님께선 빳빳한 수표보다 어머니가 드린 피와 땀과 한과 혼으로 얼룩진 천 원짜리 지폐들로 한없이 기뻐하셨을 것이다. 그랬기에 낮은 자의 하나님은 우리 가족에게 하늘의 신령한 복으로 화답해주셨다. 또한 믿음의 식구들과 또 다른 방법들을 통해 생활할 수 있는 실존의 필요도 때에 따라 베풀어주셨다.

형의 구령은 어머니의 울부짖음

외발산동으로 이사 오고 2년 정도 지난 뒤 아버지는 축산업을 접으시고 영일여중 아래 부동산 사무실에서 일하셨다. 그 후 내가 초등학교를 졸업할 무렵부터 아버지는 전기보일러 사업을 시작하셨다. 이전의 제조업 경험을 살려 지인이 개발한 기술을 활용하는 사업체를 만드신 것이다.

추측해보면 아마 아버지가 1980년 가을 부도를 맞아 어음수표법 위반자가 되셨다가, 몇 년 지난 이즈음 복권이 되셔서 정상적인 상거래를 하실 수 있게 되자 사업을 재개하셨던 것 같기도 하다. 아버지는 거듭되는 실패 가운데서도 하나님의 도우심을 바라며 포기하지 않고 다시 사업에 도전하셨다.

㈜벤엘엔지니어링 수도권총판을 시작하신 아버지는 현재

화곡역 사거리 건물 2층에 제법 넓은 사무실도 내셨다. 하지만 40대 중반의 아버지가 야심 차게 시작한 전기보일러 사업 역시 잘 되진 않았다. 당시로서는 기술 부족도 좀 있었던 것 같고, 어느 정도 투자를 받는 데는 성공했지만 매출이 늘어나는 속도가 더뎌 자금난도 겪으셨던 걸로 기억한다.

풀리지 않는 경제적 연단 속에서 어머니는 혼신을 다해 가계를 도우셨다. 이즈음 어머니는 외발산동 들판의 채소를 리어카에 실어 송화시장과 내발산동 주택가를 돌면서 파셨다. 어머니의 리어카 행상은 거의 80년대 내내 이뤄졌고 채소가 나지 않는 겨울철부터 이른 봄까지는 또 다른 여러 가지 일을 쉬지 않고 하셨다.

그러는 동안 우리 네 남매는 점점 성장했다. 형은 성장기 내내 반장을 맡는 모범생이었다. 신월중학교 3학년 때는 학교에서 '대대장'이었다. 내가 이해하기로 이 학교 대대장은 전교회장과 비슷한 건데 애국조회 시간에 전교생을 대표해서 차렷 경례를 시키는 폼 나는 임무도 수행했다. 아마 군사정권의 영향으로 병영의식이 중학교까지 스며들었던 것 같다. 이런 형은 당연히 부모님, 특히 어머니에게 으뜸가는 자랑거리였다. 키크고 잘생긴데다가 성적도 우수하고 교회생활도 잘하고 리더십도 있는 우등생 큰아들은 이리 치이고 저리 치이는 마음을

낮게 하는 탁월한 효과의 소염제이자 보이지 않은 내일을 볼
수 있게 해주는 희망의 실마리였을 것이다.

매주 월요일 이른 아침, 어머니는 내다 팔 채소들을 가득 실
은 리어카를 누군가에게 맡긴 후 언덕길을 두 개나 넘어 형이
다니는 중학교로 걸어오셨다. 삼천 명은 족히 되었을 전교생
대열 맨 앞에 반듯한 자세로 형이 우뚝 서 있었고 그 맞은 편에
는 교장과 교사들이 엄숙하게 자리 잡고 있었다. 조회를 시작
할 준비가 끝난 뒤 대대장인 형은 쩌렁쩌렁한 목소리로 "대대
차렷! 경례!"하고 소리쳤다. 학교 담벼락에 몸을 숨긴 어머니는
이 모습을 보며 흐느끼셨다. 이 짧은 10초 정도의 장면을 보기
위해 30분 넘게 급히 걸어오신 어머니에게, 형의 힘찬 구령은
힘겨운 삶을 응원하는 천사의 목소리이자 서러운 세상을 향한
어머니 자신의 포효였을 것이다.

등록금과 따귀 200대

하지만 우리 여섯 식구는 모두 궁핍이 주는 자존감의 위협으
로부터 자유로울 수 없었다. 하나님의 은혜는 변함이 없었지만
쪼들리는 형편은 부모님은 부모님대로, 10대에서 20대로 넘어
가던 누이들은 누이들대로 그네들의 마음을 마구 흔들어댔다.
또한 아무 것도 모르던 나이를 지나 알만한 것을 알게 된 형과

나 역시 1980년대 대한민국, 학교와 교회까지 물질만능에 전염되어 가는 약육강식의 사회에서 우리들의 자존감을 지키기 위해 발버둥쳤다.

1986년 11월 말이었다. 화곡중학교 1학년이었던 나는 조회시간부터 1교시 초반까지 30분가량 따귀를 200대 정도 맞았다. 과장이 아니다. 정확히 세진 못했지만 10초당 한 대씩 30분 정도 맞았으니까 그 정도 됐을 것이다. 담배를 피우거나 접착 본드를 불거나 여교사의 속옷을 보려다 들켜서가 아니었다. 성적이 폭락했다거나 교사에게 욕설을 해서는 더더욱 아니었다. 140cm를 갓 넘었을 내가 생활기술을 맡았던 담임교사에게 따귀를 수없이 맞았던 이유는 바로 등록금 때문이었다.

당시 중학교 등록금은 분기당 5만 몇 천원이었던 걸로 기억한다. 지금 물가로 어느 정도인지 잘 모르겠지만, 아무튼 그때 우리 집 형편으로는 꽤나 부담스러운 금액이었다. 위로 대학생 큰누나, 고3 작은누나에 중3 형까지… 아마 모르긴 몰라도 당시 우리집의 월수입은 필요한 돈의 4분의 1도 안 되었을 것이다. 입학 후 한 번도 제 때 등록금을 내지 못했던 나는 항상 다음 분기 고지서가 나온 뒤에도 이전 분기 등록금을 내지 못하는 형편이었다. 떼를 써봤자 돈이 나올 구석이 없는 걸 알았기 때문에 난 혼자 전전긍긍해야 했다.

건장한 체격의 담임교사는 아주 적극적인 성격이었다. 그 적극성을 학생지도나 교과수업은 물론 행정 처리에도 발휘하셨는데, 이에 따라 등록금을 받아내는 일에도 팔을 걷어붙였다. 고지서를 나눠주면서부터 등록금을 언제 낼 것인지 부모님께 확인을 받아오라고 명령했고, 납부기한이 다가오면 일 단위로 점검했다. 등록금 납부 시즌 아침 조회시간이 되면 요동치는 심장소리를 친구들이 들을까 봐 걱정해야 했다.

이런 스타일이었으니 당연히 납부기한이 지난 뒤에는 미납 학생들을 엄청나게 다그쳤는데 심각한 인권침해도 많이 했다. 부모 직업에 대한 비하, 가족에 대한 비난, 집도 가난하면서 공부도 못한다는 모욕까지…. 다행히 당시 나는 우등생 범주에 들어가는 성적이었고 아버지의 직업도 명목상 회사 대표였다. 그래서인지 담임교사는 적어도 나에게는 등록금을 못 내는 사실을 부모님에 대한 비난으로까지 연결하진 않았다. 나는 등록금 고지서를 살짝 집에다 가져다 두긴 했지만 언제 낼 것인지 확인해오라는 그의 말을 따르지 않았다. 기한이 지난 뒤에도 등록금에 관해 부모님께 최대한 말을 하지 않았다. 그래 봤자 별 수 없음을 알았기 때문이다.

문제의 그날 아침. 평소와 다르게 담임은 아주 친절하고 작은 목소리로 "아직 등록금 못 냈지?"하고 속삭이듯 내게 물었다. 바로 전날도 교실 밖까지 들릴 정도의 큰소리로 무안을 주던 모습과는 정반대였다. 그렇다고 답하자 이번에는 미소까지 지으며 "그럼 잘 됐다. 갑자기 예기치 않은 장학금 기부가 들어와 한 반에 한 명씩 등록금을 내줄 수 있게 됐다. 지금 너랑 배영○ 딱 두 명만 등록금을 못 내고 있는데 그중 너의 등록금을 이걸로 처리하겠다."고 했다.

난 대번에 "싫습니다. 부모님이 내실 겁니다. 선생님이 제게 묻지도 않고 그러시는 건 독단입니다."라고 답했다.

매번 친구들 앞에서 망신을 주던 담임, 단 한 번도 등록금을 내지 못하는 학생을 걱정한다는 느낌을 주지 않았던 담임, 가난한 학생들의 부모님과 형제들까지 모욕하던 그의 호의 아닌 호의를 받아들이기에, 스포츠머리에 여드름이 피기 시작했던 나는 힘든 형편의 부모님을 위해 자존감을 포기할 수 있을 정도로 현실적이지 못했다.

독단이라는 단어, 자신은 배려라고 여기는 행동에 대한 나의 거절, 앓던 이를 뺄 수 있는 기회가 물거품이 된다는 염려, 자신에게 고마워하진 못할망정 똥 씹은 표정으로 반항하는 모습, 무엇보다 모처럼 친절하게 말하는 자신을 이글거리는 눈빛으로 응시하는 나를 보며 담임교사는 뺨을 때리기 시작했다.

그때 나는 이제 갓 만 13세가 된 상태였고, 그때까지 가끔 어머니로부터 '아가'라고 불리고 있었다. 항상 배가 고픈 상태였고, 주먹은 늘 불끈 쥐어져 있었고, 눈동자에는 언제나 불만과 결핍이 녹아 있었다. 입학할 때처럼 추운 날씨였지만 점퍼 없이 파란색 긴 팔 티만 입고 있었다. 조회시간 중반부터 시작된 선생의 따귀 연타는 교실에서 복도로 장소를 옮겨 조회가 끝날 때까지 계속 되었다. 손동작을 멈추지 않으며 담임교사는 되풀이해서 소리쳤다.

"뭣이 독단이여? 널 도와주겠다는 거잖아. 뭣이 독단이여? 건방지게 말이여!"

1교시가 시작되어 수학을 가르치는 여자선생님이 오자 담임은 나랑 더 할 얘기가 있다며 그냥 수업을 시작하라고 했고, 그이후에도 10분 이상 본능의 손바닥을 더 휘둘렀다. 때리고 또 때려도 여전히 수그러들지 않는 나의 사나운 눈빛은 그의 폭력성을 자극하기에 충분했을 것이다. 수학 교과 강명○ 선생님이 지혜롭게 끊어주시지 않았다면, 아마 내가 그때 맞은 따귀는 200대가 아니라 300대를 넘었을지도 모르겠다.

대통령을 꿈꾼 형제

궁핍한 형편 때문에 상처 받은 이야기가 어디 나쁠까? 형과 누이들과 어머니, 그리고 아버지 모두 학교에서, 거리에서, 시장에서, 일터에서, 심지어 가끔은 교회에서까지 쪼들리는 살림으로 인해 자존감이 땅바닥까지 떨어지는 경험을 숱하게 했을 것이다. 그러나 우리 가족의 위협 받는 자존감을 지켜낼 수 있었던 힘은 오직 하나님의 은혜였다. 하나님은 가난 때문에 받는 우리 가족의 상처를 당신의 입으로 핥아주셨다. 부자가 되게 해주겠다는 약속 대신 어떤 어려움이 있더라도 늘 곁을 지키겠다고 약속하신 하나님께서는 부모님에게 하나님의 때를 기다리며 어려움을 견뎌낼 수 있는 믿음과 인내를 허락하셨다.

또한 하나님께서는 아버지에게 험악한 육두문자를 퍼붓는 채권자를 막아서며 '그만해! 내가 대신 갚을 테니.' 하며 말려주셨고, 리어카 옆에서 채소를 파는 어머니를 얕잡아 보는 KAL 아파트 사는 세련된 주부를 '누가 감히 내 딸에게 함부로 말을 해!' 하며 나무라셨다. 하나님은 누이들과 형과 나를 가난한 집 애들이라고 건성건성 대하는 선생들을 타이르셨고, 더불어 믿음과 사랑의 사람들을 통해 우리 여섯 식구를 위로하고 격려해 주셨다.

궁핍한 살림이 표 나지 않을 수 없는 현실 앞에 우리 남매의 자존감은 거의 무방비 상태였지만 부모님의 교육방식은 자녀들의 자존감을 지켜 주셨다. 당신들의 자존감은 너덜너덜해지는 순간에서도 부모님은 온 몸을 던져 자녀들의 자존감을 지켜 내셨다. 두 분은 네 남매의 자존감을 흔드는 얘기를 거의 하지 않으셨다. 욕설은 물론 지나가는 말이라도 좋지 않은 단어를 자녀들에게 하시는 일도 없었고, 가끔 누군가가 우리 남매들을 폄하하는 소리를 했다고 전해 들으면 우리들이 가진 수많은 단점이 아닌 별 것 아닌 장점을 언급하면서 자녀들의 자존감에 작은 흠집도 나지 않도록 노력하셨다.

부모님은 자녀들을 가르치는 일은 몸뚱이를 팔아서라도 포기하지 않겠다는 각오로 진력을 다하셨다. 힘에 부치는 금액이지만 백과사전과 동화책과 위인전과 소설집을 사주신 덕분에 우리 남매들은 다른 집에 비해 살림살이는 한참 초라해도 갖고 있는 책은 많이 뒤지지 않을 수 있었다. 또한 자녀들이 읽고 싶어 하는 책이 생기면 무슨 수를 써서라도 구해다 주셨다.

1986년 여름, D교회 중고등부는 충남 홍성으로 수련회를 갔다. 중학교 1학년이었던 나는 중3이었던 형과 함께 이 수련회에 참석했다. 마지막 날 오후 조별 성경공부에는 자신의 장래 희망을 적어 내는 순서가 있었다. 그날 저녁식사 후 열린 기도회. 말씀을 전하는 J전도사님이 싱글벙글한 표정을 감추지 못하며 이야기했다.

"지금 여기 있는 백 여 명 중에 장래희망이 대통령인 학생이 두 명이나 앉아 있습니다. 신기하게 두 학생은 형제입니다. 그리고 형과 동생 모두 믿음이 좋고 똑똑해 대통령이 될 가능성이 매우 높습니다."

그 형제는 바로 형과 나였다. 분기별로 나오는 공납금을 늘 2~3회분씩 밀리면서도, 간혹 정부미나 혼합미도 못 되는 싸라기를 먹으면서도, 반장인 형이 관리하는 학급비를 가끔 융통해서 생활비로 쓴 뒤 채워 넣곤 했으면서도, 두세 번은 전기가 끊겨 촛불을 켜놓은 채 공부를 하기도 했어도 형과 나는 둘 다 대통령을 꿈꿨다. 약자가 무시당하지 않고, 권력이 판잣집을 철거하지 않으며, 가난한 집 학생들도 노력만 하면 누구나 성공할 수 있는 세상을 희망했다. 이것은 결코 근거 없는 자신감이 아니었다. 부모님을 통해 하나님께서 지켜 주신 자존감이 충만했기에 품을 수 있는 꿈이었고, 하나님께서 함께 하시면 못할 것이 없다는 믿음이 있었기에 가질 수 있는 비전이었다.

작은 어려움에도 쉽게 자빠지는 사람이 있고, 커다란 바위 같은 역경도 이겨내는 사람이 있다. 이 둘의 차이는 견디는 힘에 있다. 견디는 힘의 차이가 고난이라는 언덕을 오르느냐 못 오르느냐를 결정한다. 그렇다면 견뎌내는 힘은 어디서 비롯될까?

나는 건강한 자존감과 목적을 향한 의지가 견딜 수 있는 힘을 만든다고 생각한다.

하나님께서는 아버지와 어머니에게 하나님 밖에서는 아무것도 할 수 없으나 하나님 안에서는 모든 것을 할 수 있다는 자존감을 허락하셨다. 이를 통해 아버지와 어머니는 자녀들에게 건강한 자존감을 길러주셨다. 자랑할 것이 너무 많은 사람에게는 겸손함이, 너무 적은 사람에게는 자부심이 모자랄 확률이 높기 때문에 겉으로 볼 때 자랑거리는커녕 놀림 당할 소재가 많았던 우리 남매에 대한 부모님의 자부심을 과도하게 부여하는 가르침은 실보단 득이 많았던 것 같다.

두 분은 욕망을 채워주는 부모가 아니셨다.
어려운 형편으로 인해 제대로 뒷바라지하지 못해 안타까움과 미안함은 가득했겠지만, 부모님은 욕망 대신 자존감을 지켜주셨고 견딤의 모범을 보여주셨다. 이를 통해 숨이 멎을 정도로 힘들어도 삶은 포기할 수 있는 대상이 아님을 일깨워주셨고 나의 형편이 어떻든 하나님은 변함이 없으시며, 그 하나님께서 바로 당신들과 우리들의 아버지이심을 말씀과 마음과 표정과 걸음과 몸짓으로 알려주셨다.

예수님을 믿는 우리들의 소망은 무거운 중압감으로 어깨가 천근만근일지라도 날마다 우리 짐을 대신 지시는 하나님을 찬송하는 것을 목적으로 한다. (시편 68:19) 따라서 하나님을 영화롭게 한다는 목적은 고난을 견뎌내는 힘이 된다.

부모님은 하나님의 영광이란 목적을 되새기며 꽃길이 아닌 가시밭길이 계속되는 중에도 견뎌 내셨다. 건강한 자존감과 목적에 대한 의지로 삶을 포기하고 싶은 수많은 순간순간마다 견디고 버티고 이겨 내셨다. 하나님이 도와 주셨기 때문이다.

하나님은 우리에게 꽃 길만 걷게 해주겠노라 약속하지 않으신다. 손에 물을 묻히지 않게 해주겠다고 사탕발림하지도 않는다. 대신 우리들의 목적이 하나님을 향할 때 우리가 어떤 길을 걷든지 우리와 동행하시겠노라 굳게 약속하신다.

하나님께서는 부모님께처럼 우리에게 아무리 어려운 싸움
이라도 같이 싸울 것이라고 손가락을 걸어주시고, 가족과 친구
조차 너를 버려도 나는 너를 결코 놓지 않는다고 언약하신다.

붙잡음

인간은 나약한 존재다.
조금만 힘든 일이 생겨도
쉽게 포기하려 든다.
다행인 것은
하나님 손을 놓으려 해도
그분은 우리를 놓지 않는다는 사실이다.

붙잡음

두려워하지 말라 내가 너와 함께 함이라 놀라지 말라 나는 네 하나님
이 됨이라 내가 너를 굳세게 하리라 참으로 너를 도와 주리라 참으로
나의 의로운 오른손으로 너를 붙들리라 _이사야 41장 10절

1989년 2월은 우리 가족의 변곡점 중 하나다. 이때 부모님,
정확히는 나를 제외한 가족 모두가 D교회를 떠났기 때문이다.
당시 우리 가족들의 상황은 이랬다. 몇 해 전 시작한 아버지의
전기보일러 사업은 부진의 늪을 벗어나지 못했고, 억척스럽게
살아갈 수밖에 없는 어머니의 숙명에도 변함이 없는 상태였다.
여고 졸업 후 의상학과에 입학한 큰누나는 한 학기만 다니고
자퇴한 뒤 KBS 88체육관 직원으로 일하며 돈을 벌기 시작했고,
이후 낮에는 어린이집 교사로 일하며 밤에는 학교를 다니고 있
었다. 미술에 소질이 있던 작은 누나는 대입 실패 후 1년 동안
삼성GE의료기기를 다녀 학비를 모았고, 그 돈으로 다시 공부

해서 딱 이 시기에 서양화과에 합격했다. 형은 화곡고등학교 3학년 진급을 앞두고 있었고, 나는 명덕고등학교를 배정 받은 후 입학을 기다리고 있었다.

교회의 변질은 목사와 교인 모두의 책임

물론 종교 쇼핑을 하는 사람들에겐 별 거리낌이 없겠지만 열심 있는 일군이 교회를 옮긴다는 것은 쉬운 일이 아니다. 교회를 옮겨 본 사람이라면 교회를 옮기는 일이 이사나 이직보다 훨씬 더 힘든 일임을 실감하게 된다. 경험이 없더라도 몸 담았던 교회를 떠나 새로 섬길 교회를 정하는 일의 어려움을 짐작할 수 있을 것이다. 이 어려움에 맞설 자신이 없어 적지 않은 사람들은 울며 겨자 먹기로 같은 교회를 계속 섬기기도 한다.

특히 천막을 치고 드린 첫 예배 때부터 오랫동안 동역해 온 목사와 동고동락했던 여러 교우들을 두고 30~40대 시절 힘써 사역해온 교회, 자식들과 같은 궤적과 속도로 성장한 교회, 어머님과 여러 일가도 함께 헌신하는 교회를 떠나는 일은 두 분 모두에게 여간 어려운 일이 아니었을 것이다. 더군다나 이때는 교회를 옮기는 일에 대한 시선 자체가 지금보다 훨씬 편협했던 1980년대 말이었다.

그럼에도 불구하고 부모님이 D교회를 떠날 수밖에 없었던 가장 큰 이유는 더 이상 이 교회와 같은 길을 걸을 수 없다는 판단 때문이었다. 천막에서 시작한 교회는 두 번의 이전과 건축을 거쳐 500평 대지에 5층 건물로 변했고 교인 수는 천 명을 넘어섰다. 그러나 이런 겉모습과는 달리 속은 당시 교회들의 한계를 벗어나지 못했다.

양적 규모에 집착하는 성장지상주의, 돈과 명예 같은 세속의 욕망을 탐닉하는 물신주의, 사회문제를 외면하는 대신 '우리 교회, 우리끼리 키워서 우리끼리 행복하자' 외치는 개교회주의가 빠르게 교회를 삼켰다. 말씀에 십자가가 희미해져 가며 교회의 교회다움은 급격히 빛을 잃어갔다.

교회의 부흥과 마찬가지로 교회의 변질 역시 목회자와 교우 모두의 책임이다. 개척교회의 첫 열매로서 교회에 대한 미련 내지 책임에서 자유롭지 못했던 아버지는 안타까움과 부담감을 이겨내며 D교회에 대한 희망과 교회에서의 역할을 붙잡고 계셨다. 하지만 애정을 바탕으로 하는 건강한 의견이었지만 아버지와 생각을 달리하는 분들이 많아졌고, 담임목사 역시 진심 어린 고언을 전하는 아버지의 뜻은 존중하면서도 마음 한 편으로는 불편함을 갖기 시작했던 것 같다. 여기에 풀리지 않는 연단으로 인해 교회 내에서 부모님의 역할도 조금씩 위축되었을 것이다.

결국 1988년 말 치러진 장로 임직투표가 계기가 되었다. 여러 증언과 정황으로 짐작할 때 담임목사는 다수 목소리에 반하는 아버지가 장로가 되는 일을 크게 불편하게 여겼던 것이 확실하다. 그러자 목사의 뜻에 반할 수 없었던 다른 당회원들은 임직헌금을 내기 힘들다는 이유로 아버지의 장로 임직을 막았다. 결국 그 이전부터 담임목사와 몇 가지 이슈를 놓고 의견이 갈라졌던 아버지는 장로가 되지 못했다. 당시 장로가 되기 위해 내야 했던 헌금이 얼마였는지는 알지 못한다. 그러나 그즈음 부모님이 도저히 감당하기 힘든 액수였음은 분명하다. 더군다나 아버지는 그보다 4년 전 안수집사 임직 때 냈어야 할 헌금도 아직 다 내지 못한 상태였다.

임직의 올바른 의미

사실 임직헌금은 당시는 물론이고 지금도 한국교회에 폭넓게 퍼져 있는 심각한 병폐다. 임직은 명예가 아니다. 장로나 권사나 집사가 된다는 것은 원래 종이었던 사람이 더 낮은 종이 되는 것이다. 따라서 임직감사예배는 승진하는 일, 높아진 것을 축하하는 세상의 논리와 정반대로 낮아진 것, 강등당한 것을 축하하고 격려하는 자리이다. 임직은 낮아짐으로 높아지고, 비움으로써 채우고, 짐으로써 이기고, 죽음으로써 살리는 십자가의 지독한 역설을 따를 것을 다짐하는 계기가 되어야 한다.

죄로 죽어 마땅한 우리들이 구원을 얻는데 있어 사람의 노력과 공은 단 0.1%도 필요하지 않은 것처럼, 누구든지 교회의 직분자가 되는데 있어 그의 공로가 어떤 영향력을 행사해서는 안 된다. 믿음생활을 잘했는가를 기준으로 한다면 어느 누가 하나님께 제가 이 정도했으니 목사든 장로든 직분을 달라고 할 수 있을까? 따라서 임직자들에게 헌금을 강요하는 것은 임직의 의미를 심각하게 왜곡하는 것이고, 교회의 순전함을 크게 훼손하는 것이고, 하나님의 존안에 먹칠을 하는 패륜이다.

그러나 안타깝게도 너무나 많은 교회들이 이런 무서운 범죄를 아무렇지도 않게 저지르고 있다. 임직을 명예로 오해하는 교인들과 직분을 미끼로 재정을 확보하려는 목회자가 합작하여 거룩한 임직을 저속한 어워드 마케팅award marketing으로 둔갑시켰다.

아이러니한 사실은 임직헌금을 강요하거나 동조하거나 순응하는 사람들의 절대다수가 임직 때 정해 놓은 헌금을 내는 것이 잘못이라고 생각한다는 것이다. 임직헌금이 하나님 뜻에 맞지 않는다는 걸 알면서도 '예전부터 그랬으니까 어쩔 수 없지, 다른 교회들도 다 하는데 뭐 어때, 잘못된 건 알지만 이번 기회에 교회재정이 튼튼해지는 것이니까 괜찮아.'라고 합리화

한다.

또 어떤 사람들은 '잘못된 관례지만 교회에서 큰 소리 나면 모양이 좋지 않으니 참아야지, 이번에는 내가 임직을 받으니 그냥 넘어가지만 다음부터는 임직헌금 반대해야지.'하고 타협하며 괘씸한 관행에 눈을 감아 버리기도 한다. 안타까운 일이다. 잘못인 줄 알면 안 하면 되고 그릇된 관행이라고 생각하면 그치면 된다. 악은 어떤 모양이라도 버려야 하므로(데살로니가전서 5:22) 아름다운 헌신과 거룩한 순종으로 포장된 회 칠한 무덤 같은 임직헌금을 정해서도 안 되고, 강요해서도 안 되고, 내서도 안 된다.

나아가 임직자들이 순수한 감사의 마음으로 서로 의논을 통해 결정해서 헌금을 정해 드린다고 해도 안 된다. 그 결정으로 인해 마음이 철렁해지는 사람, 부담을 갖는 사람, 상처 받는 영혼이 단 한 명이라도 나와선 안 되기 때문이다. 각자의 믿음과 형편에 따라 감사헌금을 하면 된다. 그에 대해 교회든 누구든 계획을 하고 협의를 하고 압박을 할 이유가 전혀 없다.

내가 섬기고 있는 교회는 임직헌금이란 고질병을 완전히 뿌리 뽑았다. 2007년 이후 있었던 네 번의 임직식에서 정해 놓은 헌금을 강요하거나 행사비를 걷는 등, 돈과 관련되어 조금이라도 떳떳하지 못한 일이 일어나지 않았다. 우선은 올바른 임직에 대한 담임목사들의 뜻이 분명했기에 가능했다. 하지만 쉽지는 않았다. 담임목사의 의지가 분명해도 교인들이 지레 부담감에서 머뭇거리기도 했고, 임직헌금을 선량한 헌신이나 십시일반의 협력으로 포장하려는 시도도 있었다. 하지만 하나님의 은혜로 거룩한 직분을 위해 임직이라는 절차 역시 거룩해야 하고 그것이 바로 교회를 거룩하게 하는 일임을 교회공동체 모두가 확신할 수 있었다. 이런 노력을 기뻐하신 하나님께서는 단 한 명의 상처도 용납하지 않으셨고, 재정은 물론 모든 면에서 교회를 더욱 튼튼하게 세워가셨다.

한 언론사는 이런 우리 교회의 임직식을 교회개혁을 위한 좋은 사례로 소개하기도 했다.(2014. 11.21. 뉴스앤조이) 교회 자랑이 아니다. 잘못인 줄 알면 안 하면 되고, 기도하며 서로 노력하면 오래된 병폐라도 끊을 수 있다는 이야기를 하고 싶을 뿐이다.

떠날 때는 말 없이

부모님은 교회를 떠나기로 마음을 굳히셨다. 그 방법만이 하나님의 뜻이라고 확신했기 때문이었다. 당시 아버지와 어머니는 교회를 떠나게 되는 속사정을 우리 남매들에게 그대로 말씀하지 않으셨다. 나 역시 이 일이 있고 수 년이 지난 후에야 부모님이 아닌 다른 사람들을 통해 알게 되었을 뿐이다.

두 분은 아무 말없이 교회를 나오셨다. 자녀들에게만 그런 것이 아니었다. 인간적으로 생각하면 가깝게 지내온 교인들에게 이런저런 서운함과 억울함을 하소연하고 싶었겠지만, 부모님은 깊이 교제한 교우들에게도 내막을 자세히 말씀하시지 않았던 걸로 기억한다. 이에 따라 속사정을 모르는 대부분의 교인들은 진짜 이유를 모른 체 장로 떨어져 교회를 떠난다고 손가락질했지만 부모님은 그것조차 참으셨다. 그로 인해 교회에 분란이 생기는 일을 원하지 않으셨기 때문이었으리라.

마치 정혼한 마리아의 임신 사실을 알게 된 요셉이 가만히 끊고자 했던 것처럼(마태복음 1:19) 두 분은 D교회와의 깊고 오랜 관계를 조용히 끊으셨다. 억울하고 괴롭더라도 그것이 교회를 위하는 일이고 하나님을 위한 방법이라고 믿으셨기 때문이었을 것이다.

물론 우리 남매들은 부모님이 말씀하시지 않았어도 우리들에게는 생애 최초이자 유일한 교회를 떠나게 되는 연유를 짐작할 수 있었다. 조금 차이는 있었겠지만 외가 식구들도 마찬가지였다. 하지만 외할머니는 믿음의 동지였던 큰사위와 큰딸이 없는 교회를 받아들이기 힘드셨던 것 같다. 이보다 몇 해 전, 할머니는 늦둥이로 얻은 외아들을 결혼도 못 시키고 여의셨기에 상실감이 더 크셨을 것이다. 더불어 옛날 사람 정서상 1호 교인이 교회를 지키지 못한다는 사실에 안타까우셨던 것 같다.

"너희들 교회 떠나면 안 돼! 외발산동 집으로 처음 심방 오셨
을 때 목사님이 너희 가족 생각하시면서 얼마나 대성통곡을
하셨는데…."

할머니는 어머니에게 몇 해 전 D교회 담임목사님이 우리가
살던 판잣집을 처음 오셨던 때 이야기를 하시며 교회에 잔류할
것을 권면하셨다. 봉고차 안에서 담임목사님은 멀리 보이는 우
리 집을 보고 목을 놓아 한참을 우셨다고 한다. 애굽에서 형들
을 만난 요셉이 형들을 물리고 통곡을 마친 뒤에 다시 형들과
이야기했듯(창세기 45:1~2), 더 이상 나올 눈물조차 없어진 뒤에야
집 안으로 들어오셨다고 한다. 나는 그날, 그가 품었던 마음이
진심이었음을 안다. 실패하여 지친 동역자를 생각하며 진실의
눈물을 흘렸을 것이다. 나지막하게 우시며 이야기하시는 할머
니에게 어머니는 "죄송해요. 다 저희들이 잘못해서 그런 거죠."
라고 차분히 말씀하셨고 나는 그 옆에서 말없이 두 분의 이야
기를 듣고 있었다. 이때는 1989년 1월 말, 찬바람이 불던 겨울
저녁이었다.

D교회를 나오신 부모님은 곧바로 교회를 정하시지 못하고

몇 달 동안 기도하시며 알아보시다가 화곡동에 있는 통합 교단 E교회에 등록하셨다. 큰누나는 자신의 직장인 어린이집을 운영하는 교회로 옮겼고, 대학 합격 후 초등부 교사를 막 시작했던 작은누나는 D교회에 남아 연말까지 한 해 봉사를 마친 뒤 CCC채플로 옮겼다. 반면에 나는 D교회에 남았다. 식구들이 다 떠난 D교회를 중 3에서 고 1로 올라가던 내가 계속 나갔던 건 친구들 때문이 아니었다. 신앙을 위해서도 아니었다. 철이 덜 들었을 때였지만 이 교회와 우리 식구들의 관계가 그렇게 끝나면 안 될 것 같다고 생각했기 때문이다.

돌이켜보면 부모님 입장에서는 상처가 큰 교회를 계속 다니겠다는 막내아들이 많이 서운하고 야속했을 것이다. 그러나 늘 그랬듯 두 분은 나를 비롯한 자녀들의 판단을 존중하셨고, 그 덕분에 나는 이때부터 취업을 할 때까지 십 년이 넘는 시간 동안 D교회에서 의미 있는 고민과 부딪힘과 관계를 통해 믿음의 성장을 이뤄낼 수 있었다. 무엇보다 이곳에서 사랑하는 나의 반쪽을 찾았고, 이후 개척 때부터 십여 년 동안 힘차게 동역했던 목회자를 만날 수 있었다.

이때 아버지와 어머니가 교회와 목사에 대한 서운함을 우리 남매들에게 감정을 섞어 표현하셨다면 어땠을까? 돈 때문에 장로가 되지 못한 비루한 현실을 상세하게 전하셨다면 어땠을까? 아마 교회에 대한 회의, 목사에 대한 분개, 교인들에 대한 실망, 그리고 결국 신앙 자체에 대한 부정으로 이어졌을 가능성이 높다. 그러나 부모님은 최대한 말을 아끼셨다. 특히 아버지는 거의 아무런 말씀을 하지 않으셨다. 교회를 떠난 뒤 십 수년 동안도 마찬가지였고, 심지어 내가 2005년에 D교회 담임목사를 만나서 나눈 저간의 이야기를 전할 때도 "목사님이 아빠에게 많이 기대를 하셨는데, 아빠가 그 기대에 부응하지 못한 거야."라는 선문답 같은 말씀만 하셨다.

나는 하고 싶은 비난과 격정의 말을 참아낸 부모님의 인내가 우리 남매들의 믿음을 지켜냈다고 믿는다. 또한 결국 담임목사직을 세습했고 지금까지도 임직헌금을 관행으로 여기지만, 어쨌든 제한적이나마 교회로서 기능하는 이곳의 유지와 발전에 일조하셨다고 믿는다. 부모님과 함께 D교회의 갱신과 진정한 부흥을 진심으로 기원한다.

가족을 여러 교회로 흩으심

만약 이때 아버지의 사업에 반등이 있었다면 어땠을까? 임직헌금을 충분히 낼 수 있는 상황이었다면 담임목사와 장로들은 아버지의 장로 임직을 막지 않았을 것이고 부모님은 아마 임직헌금을 하셨을 것이다. 그래서 이 교회에서 장로와 권사가 되셨을 것이고, 지금까지도 나는 D교회를 섬기고 있을지도 모른다. 하지만 나는 이때 D교회를 떠난 아버지와 어머니의 결정이 흠 없으신 하나님의 뜻이라고 확신한다. 나아가 가장 좋은 것으로 채우시는 하나님께서 우리 여섯 식구가 더 이상 상처받지 않도록, 더 건강한 교회를 섬길 수 있도록, 더 치열한 사역을 펼칠 수 있도록 우리 가족의 쪼들리는 형편조차 사용하셔서 D교회를 떠날 수 있는 길을 열어 주셨던 거라 믿는다.

2005년 봄 결혼 인사를 위해 방문한 나에게 D교회 담임목사님은 "당시 아버지가 장로로 선출되셨는데, 장로 임직헌금은 내시기 힘드니 그 전 안수집사 임직헌금만 우선 내시고 장로 직분을 받으시라고 했는데도 그걸 거부하신 뒤 교회를 떠나셨다."고 말했다. 수 년 만에 만난 나에게 다른 말은 몇 마디 하지 않고 그때 이야기를 상세히 해명하는 모습을 보며 이때 일로 아버지와 우리 가족에게 그가 계속 미안해하고 있다는 사실을 느꼈다. 정확한 경위가 어찌 되었던 당시 임직절차가 정도正道에서 한참 빗나갔던 것은 분명해 보인다.

그럼에도 불구하고 애증 섞인 D교회는 아직까지도 우리 가족 모두의 변함없는 추억거리이자 은혜를 반추하게 하는 소재다. 이곳에서 부모님은 젊은 날의 피와 땀을 주님을 위해 쏟으셨고, 우리 네 남매는 예수 그리스도를 구세주로 영접했다. 전체는 아름답지 않아도 일부는 아름다울 수 있으며, 현재가 어떤 모습이든 과거는 지난 은혜를 되새기는 재료가 될 수 있음을 안다. 때에 따라 가장 좋은 것으로 채우시는 하나님께서는 70년대 초부터 80년대 말까지 D교회를 통해 우리 가족에게 하늘의 신령한 복을 공급하셨고, 하나님의 때가 차매 하나님의 방법에 따라 우리 가족을 여러 교회로 흩으셨다.

전기보일러 사업을 하던 아버지는 이후 일반 보일러 공사로 업종전환을 하셨다. 50대에 들어섰지만 관련 자격증도 취득하셨고, 불광동이나 봉천동 같은 서울 변두리에 새로 짓는 빌라에 난방시설을 설치하는 일을 대여섯 해 정도 하셨다. 90년 초에는 형이 대학에 입학했고 그 해 연말에는 큰누나가 결혼을 했다. 92년에는 내가 대학에 입학했고 그 해 가을 우리 가족은 10년 동안 살던 외발산동 판잣집을 떠나 가양동 임대아파트로 이사했다. 방 두 개에 화장실과 주방 겸 통로가 하나씩 있는 좁은 집이었지만 새로 지은 아파트였다. 이사한 집 작은 방에서 외할머니를 가운데 두고 양쪽으로 누운 형과 내가 반듯하고 평평하게 생긴 천정을 보며 기분 좋은 대화를 나눴던 기억도 난다. 작은누나는 이곳에서 잠깐 살다 얼마 후 큰누나네로 거처를 옮겼다. 이 무렵 오래도록 돌아가던 어머니의 리어카 바퀴는 드디어 회전을 멈췄다. 아버지의 돈벌이가 이전보다 나아진 이유보다는 성장한 우리 남매들이 제 몫을 하기 시작해서 그랬 겠지만, 그렇지 않더라도 50대가 되신 어머니의 체력으로 힘들고 궂은일을 계속 하시긴 어려웠을 것이다.

E교회에 믿음의 보금자리를 새로 트신 부모님은 처음에는 조금 힘들어하셨지만, 한두 해가 지난 뒤부터는 새로운 교회에서도 열심을 내기 시작하셨다. 95년 봄에는 작은누나가 결혼을 했다. 그 사이 고등학교 졸업 직후부터 계속 아르바이트를 하며 학교를 다니던 아들들은 둘 다 군복무를 마쳤다. 95년 여름, 부모님은 작은누나 시아버지의 소개로 강서구청 옆에 '죽향竹香'이란 이름의 일식 우동집을 차리셨다. 하지만 안타깝게도 대나무 향기는 멀리 퍼지지 못했다. 이후 부모님은 화곡1동의 슈퍼마켓을 인수해 운영하셨다. 그러나 얼마 뒤 두 분이 함께 스쿠터를 타고 이동하다 화곡터널 입구에서 교통사고를 당하는 바람에 이 가게도 헐값에 넘겨야 했다.

이처럼 계속되는 연단 가운데서도 하나님은 역사하셨다. 하나님은 당신의 의로운 오른팔로 부모님의 손목을 굳건하게 붙잡아주셨다. 하나님께서는 룻이 나오미를 붙좇던(룻기 1:14) 것보다 더 진득하게 하나님만을 의지하시는 부모님에게 꺼지지 않는 소망을 선물로 주셨다. 하나님의 은혜였다.

외할머니의 천국 입성

부모님이 슈퍼마켓을 운영하시던 1996년 2월 외할머니가 74세를 일기로 하늘나라로 떠나셨다. 외할머니는 따뜻한 분이셨다. 큰 딸네 외손주들인 우리 네 남매를 참 많이 돌봐주셨다. 우리 식구가 외할머니 댁에서 살았던 시간도 많고 외할머니가 우리 집에서 기거하신 기간도 제법 된다.

결혼 직후 두 딸을 홀로 키우며 빨치산이 된 남편에게 밥을 지어 깊은 산 속까지 나르시던 외할머니는 20대 후반부터 다른 여성들에게 남편을 빼앗겼다. 마흔 두 살에는 속만 썩이고 고생만 시켰던 남편을 완전히 잃었고 환갑 직후에는 늦둥이 외아들마저 먼저 보내셨다. 돌아가실 때까지 마음 편하게 웃을 수 없던 인생이셨다. 그러나 외할머니는 늘 인자하고 온화한 미소를 지으셨다. 파안대소하시던 모습은 잘 생각나지 않지만 살포시 웃으시던 외할머니의 눈매와 입 꼬리는 지금도 뚜렷하게 기억한다.

눈물과 한숨뿐인 일생에서 이렇게 웃으실 수 있었던 건 오로지 하나님만을 붙잡고 사셨기 때문이다. 30대 중반 서울로 올라오신 뒤 신앙생활을 시작하신 외할머니는 신정교회에서도, D교회에서도 티 내지 않고 묵묵히 헌신하는 믿음의 딸이셨다. 심방을 다녀오신 후에는 당신도 힘들지만 더 어렵게 살아가는 교우들을 염려하며 진심을 다해 그들을 위해 기도하셨다, 뒤뜰에서 딴 애호박 한 개나 율무 한 되라도 가져다 주며 그분들을 격려하셨다. 또한 외할머니는 남편이나 시아버지 모시듯 담임목사와 그 가족들을 섬기시고 살피셨다. 1978년에 작은이모가 결혼해서 제주도로 신혼여행을 다녀온 뒤 파인애플을 선물하자, 외할머니는 막내딸 부부를 그냥 놔둔 채 한걸음에 목사사택으로 가셨다고 한다. 자식뻘 나이였지만 귀한 음식은 언제나 목사님 먼저라는 생각 때문이었다. 외할머니의 교역자에 대한 깍듯한 예우는 나이는 물론 성별과 상황도 넘어섰다. 함께 심방을 다니는 여자 전도사님들에게도 예의와 정성을 다했고 교회건물을 관리하시는 젊은 부부에게도 마음을 쓰셨다.

할머니는 돌아가실 때까지 D교회를 섬기셨다. 천국으로 가신 외할머니는 돌아가시기 전날 밤 무릎을 꿇고 손을 모아 기도하는 자세로 잠이 드셨고 그 모습 그대로 하나님 품에 안기셨다. 평생토록 '나의 갈 길 다가도록 예수 인도 하시니' 찬송을 즐겨 부르셨던 외할머니는 찬송가 가사처럼 믿음으로 사는 자로 하늘 위로를 받으셨고, 성령 감화 받은 영혼으로 하늘나라에 가셨고, 거기서 영영 '예수 인도 하셨네' 찬송하고 계실 것이다.

어머니의 권사 임직

1996년 여름 교통사고를 당하신 부모님은 몇 달 동안 병원 신세를 진 뒤 화곡동 슈퍼마켓을 정리하셨고, 한두 해 후 아버지는 타조를 기르기 위해 강화 신선저수지 윗동네로 거처를 옮겼다. 연초에 내가 취업을 하고 연말에 형이 결혼을 한 2000년에는 어머니도 강화로 오셨다. 멀리 강화로 이사를 오시고도 두 분은 예닐곱 해 동안 주일마다 화곡동 E교회를 출석하셨다. 교회식구들 역시 한 시간이 조금 더 걸리는 부모님 댁으로 자주 나들이를 왔다. 부모님과 비슷한 연배의 담임목사님 부부도 고향집에 오는 기분으로 부모님 댁을 때때로 들르셨다.

1989년 봄, 부모님이 합류할 당시 E교회는 개척 후 10년 정도 됐었는데 이미 큰 건물에 1,000명 이상의 교인들이 출석하고 있었다. 이후에도 계속 성장해 목요 찬양집회를 하는 등 인근의 기독교 문화를 선도하는 중대형교회가 되었다. 그러다가 90년대 중반, 러시아 선교헌금과 관련된 재정 문제가 불거졌다. 의혹을 제기하는 교우들이 조직을 구성해 당회 측의 해명을 요구했지만 이에 대해 적절한 대응이 이뤄지지 못하면서 양측은 대립하기 시작했다.

대화를 통한 해결에 실패하고 갈등이 심화되는 비정상국면이 길어지자, 건강한 토론은 사라지고 생트집만 난무하는 감정

싸움으로 격화되었다. 어려움을 만난 대부분 교회들의 잘못된 수순을 이 교회도 밟았던 것이다. 결국 담임목사 리더십에 대해 반기를 든 교인들은 자신들이 나가 교회를 새로 개척하겠으니, 대신 교회설립을 위한 큰 규모의 재정지원을 해달라고 했다.

사태의 진실을 정확히 알지 못했던 아버지는 처음에는 관망하는 자세를 취하셨다. 하지만 문제를 제기하는 그룹이 마치 주식회사의 주주처럼 지분을 요구하자, 사건의 발단 사유와 경과를 막론하고 이에 대한 반대의사를 분명히 했다.

교회 문제 해결을 위해 영등포 Y교회에서 노회 주관 회의가 열렸다. 첨예하게 맞서고 있는 두 그룹 간의 의견 조율과 화해를 위한 시도였다. 당시 재정부에서 섬기고 계셨던 아버지는 교인 대표 중 한 명으로 이 회의에 참석하셨다. 이 자리에서 아버지는 교회는 세상의 일반 조직과 다르고, 공유共有나 합유合有가 아닌 총유總有인 교회 재산을 교인 중 일부를 위해 분할할 수 없으므로 별도의 교회건립 자금 요구는 사건의 발단이 된 러시아 선교헌금 의혹의 진위 여부를 떠나 합당하지 못하다고 주장하셨다. 이런 주장이라면 인원수에 따라 교인들이 교회를 떠날 때마다 재정을 나눠줘야 하는 논리가 성립하며, 더불어 이렇게 분열되면 떠나간 교인들이 재분열될 우려가 크다는 말씀도 하셨다.

그러자 손쉽게 갈등을 봉합할 수는 있어도 원칙에 부합하지 않는 방법이므로 옳지 못하다는 아버지 의견에 뜻을 같이하는 분들이 많아졌고, 결국 성급히 생각해낸 미봉책은 확정되지 못했다. 얼마 후 담임목사 그룹은 사실로 확인된 일부 잘못에 대해 사과했고 반대 그룹은 E교회를 떠나 새로운 교회를 설립했다. 그러나 새로 시작한 교회는 다시 두 개로, 서 너 개로 계속 분열되었다. 아버지의 우려가 현실이 되었던 것이다.

부모님을 비롯한 E교회에 남은 교인들은 심기일전의 노력으로 교회의 갱신과 회복을 위해 기도하며 노력했고, 하나님의 은혜로 교회는 다시 예전 모습을 회복함은 물론 새로운 발전을 시작했다. 그즈음이던 1998년, 어머니는 권사 임직을 받으셨다. 평생을 하나님 중심, 교회 중심으로 복음을 붙잡으며 살아오신 어머니를 위한 하나님의 따뜻한 격려와 진심의 칭찬이었을 것이다.

발길이 끊이지 않는 깊은 산 속 오두막

강화군 안에서도 깊은 산골인 내가면 고천리 외딴 오두막에서 타조 사육으로 시작된 부모님의 귀농생활은 자연스럽게 밭농사로 확대되었다. 이곳의 넓은 부지는 아버지가 강화에 들어

144

오신 뒤 만난 전우○ 사장이 무상으로 빌려주셨다. 만난 지도 얼마되지 않았고, 혈연이나 지연 관계도 없었던 이 분의 도움은 부모님에게 큰 힘이 되었다. 이 역시 돕는 손길을 통해 베푸신 하나님의 은혜였다고 확신한다.

두 분은 고추와 호박, 고구마와 배추 같은 여러 작물을 재배하셨다. 하지만 털부터 고기까지 버릴 것 하나 없다던 타조 사육으로는 별 재미를 못보자 아버지는 타조 대신 개와 사슴을 기르기도 했다. 작물이든 가축이든 돈 주고 파는 것보다 다른 사람을 주는 게 훨씬 많았지만 다시 농사꾼이 되신 두 분의 건강은 이전보다 한결 좋아지셨다. 우리나라에서 월드컵이 열렸던 즈음의 2년 동안 부모님은 이곳에서 손자 둘을 키우기도 했다. 두 살 터울의 큰누나네 조카들은 예닐곱 살 때부터 열 살 정도까지 할아버지 댁에서 내가초등학교와 같은 학교 병설유치원을 다녔다.

아버지는 아침마다 1톤 트럭으로 손주들을 등교시키셨고, 하교를 할 때도 마을 입구까지 트럭을 몰아 스쿨버스에서 내리는 손주들을 마중 나가셨다. 어머니는 바쁘게 돌아가는 농촌생활 중에도 아직 손이 많이 가는 어린 사내 녀석들을 정성껏 돌보셨다. 두 분의 지극한 자식사랑은 이처럼 손주들에게까지 이어졌다. 큰누나네 넷, 작은누나네 둘, 형네 둘, 우리 집 애들 셋까지 모두 열한 명의 손주들 역시 할아버지와 할머니의 한아름 넘치는 사랑에 늘 감사하고 있다.

지금 집으로 이사 오기 전까지 10년 동안 부모님은 고천리 오두막에서 사셨다. 이곳에서 늙은 호박을 길러 뷔페식당에 납품하기도 하셨고, 배추나 무 같은 김칫거리를 지인들에게 팔거나 도매로 넘기기도 하셨다. 정성껏 기른 고추를 가루로 빻아 팔기도 하셨고 감자와 고구마도 기르셨다. 그러는 동안 참 많은 사람들이 부모님 댁을 찾아왔다. E교회 식구들은 매주 오다시피 했고, 가까운 친척들은 물론 먼 일가 사람들도 자주 방문했다. 연락이 드물었던 은행정 사람들이나 D교회 식구들, 그 밖의 친구 분들도 외딴 집을 시시때때로 찾아왔다.

두 분이 기른 작물들은 돈을 받고 팔리는 것보다 이분들의 손에 쥐어지는 게 훨씬 많았다. 고생해서 기른 채소를 그냥 가져갈 수 없다며 돈을 주시는 분들에게 부모님은 받은 돈의 갑절도 더 되는 채소들을 풍성하게 나눠 주셨다. 부모님의 오두막은 아무 때든 찾을 수 있는 고향집이었고, 울적할 때마다 찾게 되는 비 오는 날의 처마 밑 같은 곳이었다. 사랑이 있는 곳에 신神이 있다는 톨스토이의 말처럼, 깊디깊은 혈구산 자락 외딴 오막살이에는 하나님의 따뜻한 사랑과 은혜가 늘 흘러 넘쳤다.

힘들 때 붙잡고 싶은 사람

힘들 일을 당하면 주변에 있는 사람들 중 진짜 친구가 누구인지 고를 수 있다고 한다. 가짜들은 떠나고 진짜들만 남기 때문이다. 같은 이치로 힘이 들면 참된 친구가 본능처럼 생각난다. 진짜 친구만이 내가 어떤 형편이든지 허물없이 찾아가 그를 붙잡고 속내를 털어놓을 수 있기 때문이다. 이득을 셈하는 것을 몹시도 싫어하시는 아버지, 누구든지 더 주지 못해 안달인 어머니는 그래서 늘 누군가에게 붙잡고 싶은 사람이었다. 진실함과 인정만큼은 세상 누구에게도 뒤지지 않는 부모님의 집엔 사람들의 발길이 끊이지 않았다. 부모님의 외딴 집을 방문한 몇 백 명도 넘는 사람들은 하나님만을 붙잡고 사는 부모님의 믿음과 다른 사람들을 섬기며 살아오신 두 분의 삶에 대한 소리 없는 인정이었을 것이다.

하나님께선 당신만을 붙잡는 아버지와 어머니에게 힘겹고 외로운 이웃이 붙잡고 싶은 사람이 되는 은혜를 베푸셨다. 그들이 붙잡은 것은 아버지의 인맥도 아니고, 어머니의 재력도 아니었다. 이웃들은 오직 하나님만 붙잡는 부모님을 붙잡음으로써 하나님을 붙잡았을 것이다. 그리고 우리들의 하나님은 부모님을 붙잡는 모든 이들의 손을 강하게 붙잡아주셨을 것이다.

지킴

지킨다는 것은
그대로 머무는 것이 아니다.
빼앗겨선 안 될 것을 위해
주변을 살피고 지켜야 한다.
고난은 예상외로 강하다.
이기는 유일한 방법은
하나님께 매달리는 것이다.
순종은 승리를 낳는다.

지킴

사랑하는 자들아 너희는 너희의 지극히 거룩한 믿음 위에 자신을 세우며 성령으로 기도하며 하나님의 사랑 안에서 자신을 지키며 영생에 이르도록 우리 주 예수 그리스도의 긍휼을 기다리라 _유다서 1장 20-21절

부모님의 전원생활

아버지가 칠순이셨던 10여 년 전, 부모님은 강화 하점면에 아담한 전원주택을 새로 지으셨다. 부모님이 이곳으로 오신 것은 형님 부부 덕분이다. 하나님께서는 두 분에게 삶의 뒷자락을 이전 거처보다 훨씬 넓고 쾌적한 곳에서 생활하실 수 있도록 은혜를 베풀어 주셨다.

부모님은 이곳에서 농사를 지으며 지내신다. 집에 딸린 200여 평 밭과 바로 옆 밭 300평, 그리고 차로 5분 거리에 있는 신봉리 들깨밭이 두 분이 정성을 다해 농사를 짓는 곳이다. 이곳에서 두 분은 고추, 배추, 고구마, 감자, 토마토, 들깨 같은 다양

한 푸성귀를 살뜰하게 기르시고 있다. 나는 아버지 삶의 여정에서 가장 어울리는 직업은 농사라고 여긴다. 농사는 정직한 사람이 잘할 수 있는 일이기 때문이다. 부지런한 사람에게 어울리는 일이 농사이고, 하나님의 창조 섭리에 순종하며 하나님의 도우심을 바라는 일이 농사이고, 생명을 사랑하며 자연과 지혜롭게 조화를 이루는 것이 농사의 성공 비법이기 때문이다.

실제로 아버지는 농사를 참 잘 지으신다. 근처에선 다 죽어가도 아버지 밭 고추는 싱싱하게 자라고, 다른 집 밭에는 무성한 병충해가 부모님 밭에는 잘 일어나지 않는다. 창조주 하나님께서 정직하고 성실한 사람에게 베풀어 주시는 보살핌이라 믿는다.

예전과 마찬가지로 돈을 받고 파는 것보다 자식들과 이웃들에게 가는 것이 더 많지만, 하나님이 자연을 통해 주시는 결실을 맺기 위해 부모님은 이른 새벽부터 해질녘까지 부지런히 움직이신다. 이전에 살던 오두막집과 마찬가지로 부모님 댁에는 손님들의 발길이 끊이지 않는다. 부모님 댁에서 걸어서 갈 수 있는 가까운 거리에 살고 계신 이모도 수시로 부모님 집에 들르신다. 십 수 년 전 큰이모 부부도 부모님을 따라 신정동에서 강화로 이사 오셨다.

2013년부터 부모님은 집에서 가까운 홍의감리교회를 섬기고 계신다. 큰이모가 이보다 조금 먼저부터 섬기는 교회이다. 부모님은 그전까지 계속 주일마다 트럭을 몰아 서울에 있는 교회로 오셨지만 세월 앞에서는 장사가 아니셔서 결국 가까운 곳으로 옮기셨다. 처음에는 평생 몸담으신 장로교 교회를 찾으셨지만 감리교 교세가 워낙 강한 강화도여서 마땅한 교회를 찾지 못하다가 하나님 은혜로 집에서 차로 5분 거리에 있는 홍의교회에 자리를 잡으셨다.

교단 색채가 다르다 보니 처음에는 아무래도 어색하셨다고 한다. 그러나 등록하신 뒤 몇 달 지나 새롭게 부임하신 담임목사님 덕분에 부모님은 교회에 정착하실 수 있었다. 50대 중반의 목사님은 에너지가 넘치는 분으로 120년도 넘은 오래된 교회를 활기 넘치고 즐거운 분위기로 만들고 있다. 특히 대부분의 농촌교회가 어르신들만 계신 것과 달리, 홍의교회는 어르신들 외에 중년층도 제법 되고 학생회가 운영될 정도로 젊은 세대까지 조금씩 늘어났고 지금도 차근차근 성장하고 있다.

아버지의 필사성경

홍의교회 2층에는 아주 작은 전시실이 있다. 이 공간에는 교회의 기나긴 역사가 담긴 소소한 물건들이 진열되어 있다. 아버지의 필사성경도 그 중 하나이다. 칠순이 되시기 전부터 시작된 아버지의 성경 필사는 이후 5~6년 간 계속되었다. 그 기간 동안 소시 적부터 좋으셨던 필체로 창세기부터 요한계시록까지 성경 66권을 세 번이나 손 글씨로 쓰셨다.

젊은 사람들만큼은 아니겠지만 아버지는 비슷한 연배의 어르신들보다 훨씬 바쁜 나날을 보내고 계신다. 이른 새벽부터 해질녘까지 허리를 굽혀 밭에서 일하시고, 여름을 빼곤 저녁마다 작은 방에 나무를 때시고, 도끼와 톱으로 그 땔감을 챙기신다. 산과 들에서 구해오신 약초를 약탕기에 돌려 보약을 다리시고, 들에 나가 나물을 캐다 다듬으시고, 가을에는 밤과 도토리도 한 보따리씩 주워 오신다. 이틀이 멀다 하고 교우와 이웃의 품앗이도 하시고, 낡은 트럭에 대파 같은 작물을 실어 부평 농산물도매시장에 내려다 놓기도 하신다. 두 달에 한 번씩 어머니와 함께 김포에 있는 병원도 다니시고, 일주일 평균 두 세 팀씩 오는 손님들과도 시간을 보내신다.

이 와중에도 아버지는 저녁부터 늦은 밤까지 하나님의 말씀을 한 땀 한 땀 육필로 기록하셨다. 사용하신 볼펜만 해도 몇 십 자루나 된다. 성경에 대한 애착과 말씀에 대한 사모함이 없이는 불가능한 일이다. 쓰는 동안 하나님 은혜를 누리지 않고는 이루지 못할 일이다. 아버지는 손으로 적는 말씀을 눈으로 읽고, 머리로 이해하고, 또 가슴으로 느끼셨을 것이다. 성령이 빛을 비추실 때 비로소 인간의 이성은 말씀을 깨닫게 된다는 C. S. 루이스Clive Staples Lewis의 말처럼 성령 하나님은 말씀을 필사하는 아버지가 성경이 담고 있는 역동의 복음과 환희의 구원과 오묘한 섭리를 이성을 통해 이해하고 납득하고 수용하고 만끽할 수 있도록 도우셨다.

여호와를 경외하는 것이 지혜의 근본이요
거룩하신 자를 아는 것이 명철이니라 (잠언 9:10)

가족들이 모여 기도를 할 때마다 아버지는 이 말씀으로 자식들과 손주들을 축복하신다. 아버지가 그렇게 기도하실 때마다 나는 단순한 암기와 확신에 찬 고백의 차이를 뼛속까지 느낀다. 그 차이는 아느냐 모르느냐의 차이가 아니라 그렇게 믿고 싶은 것과 실제로 믿는 것의 차이, 나아가 진짜로 해봤느냐 못 해봤느냐의 차이일 것이다. 아버지는 삶을 통해 체험한 말씀을 기록을 통해 남기셨고, 기도를 통해 그 말씀을 다시 고백하시며 후손들에게 간증하고 있다.

식을 줄 모르는 어머니의 기도 열기
평생 뜨거운 어머니의 기도는 연세를 드셨어도 여전히 강렬하다. 팔순을 지난 지금까지도 어머니는 매일 이른 새벽마다 교회로 향하신다. 코로나로 인해 새벽기도회가 열리지 못했을 때는 같은 시간 집에서라도 하나님께 나아가셨다. 새벽만이 아니다. 평일에는 집에서 매일 밤마다 긴 시간 동안 홀로 기도하신다. 또한 주일 저녁마다 권사님들과 함께 교회 기도실에 모여 초저녁부터 자정 무렵까지 기도하신다.

특히 자녀들에게 어려움이 생기면 어머니는 몇 시간씩 사생결단의 각오로 기도하신다. 어머니의 기도에 응답해주신 하나님의 은혜로 우리 남매들이 큰 환난을 이겨냈던 일은 헤아릴 수 없이 많다. 기도가 아니고서는, 아니 자신의 기도를 들어주시는 하나님의 은혜 말고는 아무런 방법이 없을 때마다 어머니는 무릎이 닳도록 기도하셨다. 하나님은 어머니의 피눈물 나는 기도를 변함없이 들어주셨고, 그 은혜로 우리 남매들은 담대하게 세상을 이겨가고 있다.

고기도 먹어본 사람이 먹듯이 기도 역시 기도의 효력을 신나게 맛본 사람만이 기도의 양을 더욱 늘리고 지경을 넓히며 수준을 높일 수 있다. 어머니는 기도의 효험을 너무나 잘 아시는 분이다. 어머니의 육신은 강화도라는 섬 바깥으로 잘 벗어나지 못하지만, 어머니의 영혼은 기도를 통해 자녀들이 사는 부천 중동과 분당과 목동과 신정동은 물론 중국과 베트남과 미국과 아프리카를 넘나든다. 그 기도를 통해 어머니는 생각만 해도 좋으신 예수님을 직접 만나시고, 달라고 졸라대는 수준을 넘어 하나님의 깊은 뜻을 분별하시고, 때론 주시지 않는 것이 더 좋은 길임을 깨닫는다.

단언컨대, 기도에 관한 한 어머니는 알짜배기 채권자이다. 자녀들은 물론 형제들과 조카들, 친지들과 이웃들, 현재 교우들과 이전 교우들, 전국의 목회자들과 여러 나라 선교사들은 어머니에게 기도의 빚을 단단히 지고 있다. 지금까지 어머니가 다른 사람에게 돈을 빌려주실 수 있는 형편인 적은 별로 없었다. 하지만 어머니가 달라고 하시면 받아야 하는 기도의 빚은 도처에 널려 있다. 천국에 가실 그날까지 어머니는 늘 그래오셨던 것처럼 기도를 통해 하나님을 만나시고, 자녀들과 이웃들을 축복하시고, 외로운 개척교회를 돕고, 열방의 선교사들을 온 힘을 다해 섬기실 것이다.

황혼의 아버지와 어머니는 홍의교회에서도 주의 일에 헌신하며 인생의 저녁놀을 아름답게 물들이고 있다. 아버지는 4~5년 전부터 성가대원으로 활동하고 계시는데, 시작하셨을 때부터 지금까지 계속 최고령 성가대원의 자리를 지키고 있다. 또한 감사監事로서 교회 살림의 건전한 집행과 재정을 튼튼히 하는 일을 돕고 있다. 아버지는 몇 년 전 노익장을 과시하며 베트

남 단기 선교를 다녀오시기도 했다. 호치민 인근의 작은 도시에서 선교사들을 격려하시며 마을에 자전거도 기증하고 작은 교회 건물을 짓는 일까지 돕고 오셨다.

어머니는 연달아 8년째 여전도회 회장으로 섬기시며 교회주방 살림을 위해 알뜰살뜰 헌신하고 계신다. 반찬을 만드는 일부터 김장을 담그는 큰일까지… 교회에서도 분주하신 어머니의 모습은 평생토록 변함이 없어 보인다.

사실 보통 교회라면 오래 전부터 일손을 놓으셨어야 할 연세지만, 다른 교회보다는 젊은 사람이 있다고 해도 아무래도 농촌이다 보니 일손이 모자를 것이다. 그러나 어머니보다 예닐곱 살 나이가 적은 분들도 교회에 많이 계신 걸 생각하면 어머니의 헌신에는 일할 사람이 부족한 것 말고도 이유가 많아 보인다.

무엇보다 어머니는 교회를 섬기는 일만큼 하나님의 일을 잘 할 수 있는 방법은 없다고 생각하신다. 또한 무슨 일이든 책임감을 갖고 적극적으로 하는 달란트를 교회에서도 아낌없이 발휘하신다. 더 힘든 사람, 더 어려운 사람에 대한 배려도 어머니가 여전히 교회봉사를 활기차게 하는 이유 중 하나이다.

자식이 어머니에게 이런 표현을 쓰는 게 아주 적합하진 않겠지만 어머니는 오지랖이 참 넓은 분이다. 그러나 어머니의 오지랖은 쓸데없는 참견이나 어쭙잖은 훈수가 아니다. 어머니의 오지랖은 사람에 대한 애정이고, 인간의 도리이고, 무엇보다 믿는 자의 마땅한 의무이다. 그래서 어머니는 더 이상 도움의 손길을 청할 길 없는 사람들을 외면하지 않으셨다.

어머니는 처녀 때부터 이런 노숙자나 걸인 같은 소외된 사람들을 만나면 그냥 넘어가지 못했다고 한다. 외발산동 판잣집에도 사업이 크게 망해 오갈 데 없게 된 어느 이웃이 한두 달 기거하기도 했고, 신정동 외갓집에 살 때도 월세 집 이사 날짜가 맞지 않아 낭패를 당한 교우 가족이 몇 주씩이나 거주하기도 했다.

우리 식구도 겨우 끼니를 때우던 80년대 초, 어머니가 인분을 수거하는 '장식이'라는 지적 장애인에게 꽤나 잘 차린 식사를 대접하셨던 일을 기억한다. 동네 꼬마들도 놀려대며 다른 사람들은 냄새가 난다고 가까이 가지도 않는 이 분이 외가 마당에 오자 어머니는 마루로 들어오시라고 몇 번씩 강권했다. 그러나 집으로 들어가는 걸 거푸 사양하고 결국 대문 앞에서 어머니가 내온 밥상을 받자, 이 분이 모자를 벗으며 평소와 달리 공손하고 또박또박한 말투로 "감사합니다. 잘 먹겠습니다." 하고 말했던 일이 지금도 눈에 선하다.

나는 어머니의 이런 행동이 나의 작은 수고로 다른 사람을 유익하게 한다면 그 수고를 마다하지 않는 사랑의 마음에서 오는 것임을 안다. 나보다 더 약한 사람, 우리보다 더 힘든 분들, 도울 사람이라곤 아무도 없는 이웃들에 대한 따뜻함의 발로發露임을 잘 안다. 그리고 그 마음은 어머니 자신으로부터 나오는 것이 아니라 하나님이 집어넣어 주시는 성품임을 분명히 안다. 더불어 어머니의 따뜻한 배려를 받은 분들은 어머니를 통해 예수님을 만났고, 어머니 역시 이 분들을 섬김으로써 예수님을 섬기셨다고 믿는다. 어머니의 배려를 받은 분들은 어머니의 모습 속에서 예수님을 보았을 것이고, 어머니는 작은 섬김을 통해 예수님을 섬기는 놀라운 경험들을 하셨을 거라 확신한다. 예수님은 어머니의 광활한 오지랖으로 인해 환하게 웃고 계실 것이다.

아버지의 명예장로 임직

부모님이 10여 년 째 섬기는 홍의감리교회는 1893년에 설립된 교항교회(현 교산교회)에 이어 강화도에서 두 번째로 세워진 교회이다. 불모지에 복음을 전파하고 말씀을 삶으로 실천해왔으며, 반상班常을 초월해 하나님 안에서 평등을 일깨우고 복음의 전초기지 역할을 충성되게 수행해 온 홍의교회. 2021년 봄, 아버지는 이 교회 명예장로가 되셨다. 사실 무엇이 되느냐 마느냐는 중요하지 않다. 그 무엇을 어떻게 하느냐가 훨씬 중요하다. 교회의 직분 역시 마찬가지다. 하나님께 그 사람이 장로인지, 집사인지, 목사인지는 거의 의미가 없다. 대신 목사로서, 집사로서 그가 무엇을 했는지 또 어떤 장로이고 어떤 집사인지, 믿음의 자녀로서 어떻게 했는지 물어보실 것이다.

홍의교회 당회는 아버지에게 명예장로 추대를 권했다. 침체되었던 분위기가 밝게 바뀌고, 공동체의 따뜻한 보살핌이 살아나고, 교회가 새롭게 변화하는데 있어 아버지가 감당한 일익을 교우 모두가 인정해 주셨기 때문이다. 그러나 아버지는 이를 여러 번 사양하셨다. 장로는 명예가 아니며, 장로가 되는 것이 하나님 앞에서 중요하지 않다는 사실을 알고 계셨기 때문이었을 것이다. 더불어 지금까지 없던 명예장로제도가 본인으로 인해 처음 이뤄지면 자칫 교회에 누를 끼칠 수도 있다고 많이 걱정하셨다.

여러 교우들도 아버지를 설득했다. 자식들도 장로 추대를 받으시라고 종용했다. 그러나 아버지의 태도에는 변함이 없었다. 살아생전 아버지와 장로라는 직분은 끝내 닿지 못하는구나 싶었지만, 몇 차례나 거듭된 아버지의 사양은 담임목사님의 부모님 댁 방문으로 결국 끝이 났다. 하나님께서는 담임목사님이 보이신 삼고초려三顧草廬 같은 겸손함을 통해 아버지를 126년 홍의교회 역사상 최초의 명예장로로 세우셨다.

사람의 눈으로는 볼 수도 없고 알 수도 없는 계획을 통해 하나님께서는 아버지를 장로로 세우셨다. 나는 하나님께서 아버지를 더 일찍이 아니라 팔순에 기나긴 역사를 가진 감리교회 장로로 세우신 데는 하나님의 깊은 뜻이 있으리라 믿는다.

결단코 장로는 훈장이 아니다. 장로가 되는 일을 군인이 별을 달 듯, 직장인이 임원이 돼 듯 생각하는 것은 장로가 무엇인지 도무지 알지 못하는 사람들의 저급한 인식이다. 나의 아버지 장로님께서 지금까지처럼 사람을 살리고, 교회를 세우고, 복음을 변증하고 실천함으로써 목사 같지 않은 목사와 장로 같지 않은 장로 때문에 일그러진 하나님의 존귀하신 얼굴을 곧게 펴드리는 장로다운 장로님으로 사역하실 것을 굳게 믿으며 이를 위해 날마다 기도한다.

미안하다, 고맙다, 사랑한다

친가는 장수와 거리가 먼 집안이다. 아버지 형제 분들은 물론 아버지와 가까운 남자 친지들은 모두 60대 중반에 돌아가셨다. 조부의 형제들이나 나이로는 삼촌뻘 되는 아버지의 여러 당질堂姪들도 모두 칠순이 되기 전에 작고하셨다. 그래서 우리 남매는 지난 2010년에 아버지의 고희예배를 열어드렸다. 오래 사시는 분이 많이 없는 집안 내력에서 70년 동안 아버지를 건강하게 이끌어 주신 하나님께 감사했다.

　사실 그때는 아버지의 팔순 잔치를 할 수 있을까 확신할 수 없었다. 하지만 하나님의 은혜로 아버지는 이후에도 건강하게 생활하실 수 있었다. 이를 감사하며 우리 가족은 10년이 지난 2020년, 아버지의 팔순연을 열었다. 코로나로 인해 친지와 교우들을 모시진 못했지만, 집합금지 명령이 있기 전일 때라 네 남매와 배우자들과 손주들까지 모두 모였다. '믿음을 지킨 생활'이라는 제목의 말씀을 나눴고, 지금까지 지내온 것이 주의 크신 은혜임을 고백했고, 한 목소리로 '고마워라 임마누엘 예수만 섬기는 우리집 고마워라 임마누엘 복되고 즐거운 하루하루'를 찬양했다. 예배를 마친 뒤 배례가 이뤄질 때는 아들딸과 손주들이 선물을 드렸다. 이어진 아버지의 한 마디.

　　"미안하다, 고맙다, 사랑한다."

　아버지의 메시지는 간단했다. 불과 10초도 걸리지 않는 분량이었다. 하지만 아버지는 이 세 마디를 다하지 못한 채 결국 참았던 눈물을 흘리셨고, 어머니는 눈물을 참으며 그 옆에서 계속 기도하셨다.

　자식들이 부모님으로부터 받을 수 있는 최고의 메시지로

이 말 말고 무엇이 있을 수 있을까? 부모가 자식에게 할 수 있는 진심의 고백에 이 외에 또 어떤 말이 담길 수 있을까? 아무런 주어와 목적어도 필요 없는, 어떤 수식어를 붙여도 진의를 왜곡할 뿐인, 어떤 부연도 거추장스러운, 세 마디 말. 미안하다, 고맙다, 사랑한다.

사실 "미안하다, 고맙다, 사랑한다."는 아버지의 말씀은 자식인 내가 늘 부모님께 하게 되는 "죄송합니다, 고맙습니다, 사랑합니다."와 똑같은 말이었다. 또한 구원받은 우리들이 하나님께 언제나 되풀이하고 있는 "감사합니다. 용서해주세요. 사랑합니다."와도 똑같은 말이다.

진심을 담은 세 마디 말로 충분했다. 이 열한 음절의 말로 아버지와 어머니와 형과 누이들과 나는 수많은 기억과 복잡한 애증과 뼈아픈 후회를 아름답게 이을 수 있었고, 끝없는 용서와 선량한 망각과 영원한 기대를 또렷이 누릴 수 있었다. 나는 이와 같은 은혜가 오직 성령께서 친히 우리 가족들에게 찾아오셔서 허락한 마음에서 비롯되는 것임을 잘 안다.

아버지의 90회 생신잔치를 해드릴 수 있을까? 어머니는 연세가 몇이 되실 때까지 우리 곁에 계실 수 있을까?

자식으로서 당연히 부모님이 이 땅에 더 오래 머물기 바라고, 지금 모습만 보면 구순연에 대한 기대도 헛물을 켜는 일은 아닐지 모른다. 하지만 생명을 주관하시는 하나님만 아시는 이 질문에 대해 나는 답할 수 없다. 이에 대해 아는 것이 하나도 없기 때문이다. 그러나 내가 분명히 아는 것이 있다. 그것은 지금까지 부모님을 돌보신 하나님께서 천국에 가실 그날까지 일점일획의 흔들림도 없이 두 분을 돌보실 것이라는 사실, 험한 세월 동안 단 1초도 쉬지 않았던 하나님께서 부모님이 예수님 곁에 앉으실 그 때까지 두 분을 평안하게 지킬 것이란 사실이다.

자녀답게 산다는 것은 다른 아버지를 찾지 않는 것이다. 하나님의 자녀다운 삶은 하나님만을 아버지로 모시는 삶이다. 즉, 자녀라는 자신의 자리를 지키는 것이 자녀답게 사는 핵심이다. 부모님은 결코 다른 아버지를 찾지 않으셨다. 어려울수록 하나님만을 바라보셨다. 숨이 꼴딱 하고 넘어갈 정도의 위기가 찾아와도, 희망이라곤 실낱조차 찾아볼 수 없는 상황을 만나도 부모님은 엄한 곳을 기웃거리지 않으셨다.

쉴 틈 없이 기상천외한 기적을 베푸는 하나님을 믿는 것과 놀랄만한 일은 아무 것도 행하지 않는 하나님을 믿는 것 중 무엇이 더 어려운 것일까? 사람의 눈으로 볼 때 부모님의 삶에 천지를 요동하게 하는 기적은 별로 없었다. 껍데기만 보는 사람들의 시선으로 아버지와 어머니의 인생 가운데 관심을 끌만한 간증거리는 하나도 없다. 그러나 부모님은 기적을 행하지 않는 하나님을 절대로 의심하지 않으셨다. 남들에게 자랑할 만한 이야깃거리가 없어도 부모님은 하나님의 전능하심에 대해 고개를 갸우뚱하지 않으셨다. 그러면서 변함없이 자녀로서의 자리를 지키며, 자식의 도리를 다하기 위해 노력하셨다.

부모님이 기적을 주시지 않는 하나님에 대한 믿음을 지켰기에, 우리 남매들은 공급이 부족한 부모님의 사랑을 의심하지 않을 수 있었다. 못 입히고, 못 먹이고, 못 재워도 그런 건 부모님이 자식들에게 베푸는 사랑의 본질과 아무런 관련이 없음을 깨달았다. 도리어 고생을 시켜서 까맣게 타들어가는 부모 심정을 이해할 수 있었고, 그래서 고난을 통해 단련하시는 하나님의 계획과 고통 중에도 변함없는 하나님의 신실하신 사랑을 느낄 수 있었다. 그리고 마침내 하나님께서는 부모님과 네 남매의 고난 중에 어떤 것은 감사의 마음으로, 어떤 것은 겸손의 자세로 덧입혀 주셨다. 또한 주시는 것이 마땅하다고 여기신 것들은 재물이나 명예나 후손들의 발전과 같은 땅의 기름진 것으로 바꿔 주셨다.

자녀의 자리를 지키는 두 분의 뒷모습을 통해 나 역시 미력하나마 고난을 이겨낼 수 있는 힘을 갖게 되었다. 하나님은 부모님에게 주셨던 지켜내는 힘을 못난 나에게도 채워 주셨다. 하나님께서는 내가 하루 세 시간씩만 자며 독서실 총무와 신문 배달과 빌딩 청소를 하던 광야 같던 고학생 시절도 돌파하게 하셨고, 뱃속에 셋째를 가진 아내가 몇 달씩 병원에 누워있는 동안 네다섯 살 연년생 두 꼬맹이를 혼자 돌보며 아내를 간호하던 처절함도 뛰어넘게 하셨고, 그렇게 26주 만에 1kg도 안 되는 몸무게로 태어난 아기에게 닥쳐오는 수 차례의 죽을 고비마다 피를 토하듯 기도밖에 할 수 없는 세월도 견디게 하셨다.

이뿐 만이 아니다. 하나님께서 지켜주셨기에 급작스런 담임 목사 사임으로 표류하는 교회에서 미혹과 불신의 영이 역사했던 살벌하고 끔찍한 수렁에서도 빠져 나올 수 있었고, 대기업을 나와 컨설팅회사를 시작한 뒤 프로젝트를 따지 못해 새벽배송 일까지 알아봐야 했던 벼랑에서도 떨어지지 않을 수 있었고, 그 와중에 텅 빈 교회재정을 맡아 신용대출과 현금서비스로 교회 살림을 꾸역꾸역 꾸려가면서도 그런 사정을 아무에게도 말하지 못하던 음침한 터널도 지날 수 있었다. 마찬가지로 하나님은 형과 누이들에게 닥쳤던 위험천만의 순간에도 언제나 우리들을 지켜주셨다.

부모님의 지나온 삶이 과거뿐만 아니라 오늘에도 은혜인 까닭은 하나님이 과거의 거기에만 머물지 않으시고 지금 여기에도 계시기 때문이다. 아버지와 어머니가 지켜낸 믿음이 자랑의 제목인 까닭은 고난 가운데도 두 분의 손을 놓지 않으신 하나님을 찬양할 수 있기 때문이며 환난이 닥쳐와도 믿음을 지켜낸 부모님 때문이다. 언제나 부모님을 지켜주셨던 하나님께서 언제나 나를 지켜주실 것을 굳게 믿는다.

새김

자녀를 보면 부모를 알 수 있다.
부모의 말과 행동 하나하나가
자녀들 마음 판에 새겨지고 있기 때문이다.
그렇다면
예수님을 믿는 부모답게
밑져야 본전이 아니라
밑져야 사랑임을 새겨주면 어떨까.

새김

오늘 내가 네게 명하는 이 말씀을 너는 마음에 새기고 네 자녀에게 부지런히 가르치며 집에 앉았을 때에든지 길을 갈 때에든지 누워 있을 때에든지 일어날 때에든지 이 말씀을 강론할 것이며 _신명기 6장 6-7절

아버지가 심은 채송화와 봉숭아

1982년 여름, 아버지는 형과 나를 데리고 잠실야구장에 가셨다. 신월동에서 212번 버스를 타고 한 시간 반 넘게 갔던 것 같다. 개장 기념으로 당시 고교야구 최강팀인 경북고, 군산상고, 부산고, 천안북일고를 초청한 친선대회가 열렸다. 우리 집 형편에 이날의 경비는 제법 큰돈이었을 것이다. 그러나 아버지는 어린 두 아들이 난생 처음 야구장을 경험하도록 하셨고, 나는 이날 처음 봤던 야구장의 푸른 잔디와 그 위에서 활약하던 팔색조 조계현과 좌완정통 김종석과 호수비 유중일을 기억한다.

나중에 커서 친구들이나 선배들과 이야기를 나누고 나서야

80년대 초반에 40대 가장이 자기 혼자 꼬마 둘을 데리고 나들이를 가는 게 그리 흔하지 않았다는 걸 알게 되었다.

아버지는 자상하신 분이다. 자녀들이 쓸 연필을 반듯하게 깎아주시던 아버지, 학기가 바뀔 때마다 교과서 표지를 빳빳한 달력으로 싸주시던 다정한 아버지는 비슷한 시기의 보통 아버지들과 조금 달랐다. 그 시대 아버지들은 대개 자녀들에게 무서워서 말도 걸지 못하거나 멀찍이 보이면 슬쩍 숨게 만드는 존재였다. 그러나 자상하셨던 아버지는 우리 네 남매에게는 물론 다른 집 어린이들에게도 편하고 친근한 분이셨다.

하나님은 아버지의 이런 자상함을 귀하게 사용하셨다. 신정교회 때부터 줄곧 주일학교 사역을 하셨던 아버지는 D교회 초창기 내내 초등부와 학생부 부장으로, 80년대에는 유치부장으로 섬기며 어린이와 청소년들에게 복음을 전하셨다. 아버지와 함께 아이들은 교회에 정착할 수 있었고, 나아가 아이들의 부모님들도 복음을 받아들였다.

아버지는 재미있으신 분이다. 유머는 아버지가 갖고 계신 큰 장점 중 하나이다. 아버지는 젖먹이부터 백발노인까지 미소 짓게 하는 비법을 갖고 있다. 달리는 기차처럼 흔들리는 아버지의 무릎 위에서 '기찻길 옆 오막살이 아기 아기 잘도 잔다' 노래를 들으며 까르르 웃었던 사람 중에는 이제 환갑이 지난 초로初老의 신사도 있고 아직 걸음마를 하고 있는 이웃집 아기도 있다.

아버지의 유머가 세대와 시대를 초월할 수 있는 이유는 아버지가 갖고 계신 순수한 동심童心에 있는 것 같다. 아버지는 팔순이 넘으신 지금까지 보릿고개를 경험한 50~60년대 어린이나 스마트폰을 자유자재로 사용하는 2020년대 어린이나 똑같은 동심을 고스란히 간직하고 있다. 이 동심이 바로 모든 사람들을 웃게 만드는 아버지의 유머 코드이다.

아버지는 목동牧童 같은 분이다. 아버지에겐 복잡하고 화려한 백화점보다 호젓한 시골길이 어울린다. 하루 일을 마친 뒤 지게를 진 채 풀피리를 불며 해질녘 벌판을 가로질러 집으로 돌아오는 소년의 모습은 어린 시절 아버지와 딱 들어맞는다. 자연을 사랑하는 아버지는 남들은 모르는 들꽃이나 들풀의 이름은 물론 생장의 특성까지 정확히 알고 계신다. 아버지는 꽃과는 어울리지 않아 보이던 외발산동 판잣집 마당에도 꽃을 심으셨다. 마당 같지 않은 마당이었지만 아버지가 단정하게 심은 채송화와 봉숭아가 활짝 피자 식구들 모두 즐거워했다. 아버지의 목가적인 성품은 자연스레 여유라는 개념과 맞닿는다. 무더위 중에도 덥다는 얘기를 잘 안 하시고, 한파가 와도 춥다는 말씀을 아끼신다. 낙천적인 성품으로 인해 불편함을 잘 모르시는 분 같다.

아버지의 젠더gender 감수성은 비슷한 또래 다른 남성들에 비해 훨씬 높다. 아버지는 아내가 차려주는 밥만 먹는 옛날 스타일의 가부장이 아니다. 물론 아버지도 그 시대 남자들의 그릇된 권위의식과 야만의 폭력성에서 완전히 자유롭지 못하다. 그러나 꼼꼼한 아버지가 어머니보다 만두나 송편을 더 곱게 빚는다거나, 스스로 살림 정돈을 하신다거나, 작은 칼을 들고 길가로 나가 쑥이나 냉이 같은 나물을 한 소쿠리 담아 오시는 모습을 보면 아버지가 여자로 태어나셨으면 더 좋았을 것 같다는 생각도 든다.

찰스 스펄전Charles H. Spurgeon은 골로새서 3장이 하늘에서 시작해서 부엌에서 끝난다고 했다. 이 장은 '위의 것을 생각하고 땅의 것을 생각하지 말라(골로새서 3:2)'로 시작해서 아내와 남편과 자녀와 부모로서 마땅히 행해야 할 일을 강조하는 내용으로 이어진다. 스펄전은 이 구조를 활용해 하늘에서 시작된 믿음의 완성은 작은 일을 실천할 때 이뤄진다는 점을 강조했다. 아버지가 약자니까 여성을 배려해야 한다는 생각까지 하셨는지는 모르겠다. 그러나 적어도 아버지는 남녀의 역할을 전통의 시각만 고집하며 엄격히 구분하지 않으셨다.

그랬기에 아버지에게 부엌은 드나들어도 안되거나 멀리해

야 할 곳이 아니라 일해야 할 곳 중 한 곳이었던 것 같다. 집에서도 두 딸을 아들들과 차별하시는 일은 전혀 없었던 것 같고, 교회에서도 연세 많으신 권사님들이나 여자 집사님들을 존중하셨다.

약자 바보 아버지

아버지는 늘 이익보다 도리를 앞세우셨다. 아버지는 일가의 궂은일을 도맡으셨다. 본가에서는 항렬이 빠른 집안 어른으로서 해야 할 의무를 한참 뛰어넘는 일까지 맡으셨다. 가깝지 않은 친인척들의 집안일도 상주나 혼주처럼 치러 주신 일이 많다. 다들 사리분별이 정확하고 남을 속일 리 없는 분이라고 생각했기에 그랬을 것이다. 남자 형제 없는 사촌 누이들의 장례는 물론 그 집 자녀들의 대소사도 대부분 아버지 몫이었다. 심지어 종가 당질녀가 불의의 사고로 남편을 잃었을 때는 친오빠나 조카들을 놔두고 아버지가 손수 묘 쓸 자리를 찾아 주셨다. 또한 취직을 못해 힘들어하는 조카들을 위해서는 이리 뛰고 저리 뛰어 일자리를 찾아 주셨다.

장모님만 계셨던 처가에선 맏사위 역할을 충실히 수행하셨다. 외삼촌이 20대에 돌아가셨을 때는 실질적으로 상주 역할을 하셨고 처조카가 교통사고로 세상을 떠났을 때는 쓰러져 있는 이모부 대신 사고처리와 장례까지 모든 문제를 해결해 주셨다.

많은 사람들이 이런 아버지의 도움에 대해 고마움을 표시했지만 더러는 좋은 일 해주시고 서운한 소리를 듣기도 하셨다. 예를 들어 어렵사리 사고 수습을 해줬는데 합의금을 너무 적게 받았다고 서운해하거나, 자기 형제들끼리 다투다가 애꿎게 아버지 탓을 하는 일도 있었다. 그러면 어머니는 죽겠다고 고생해서 도와줬더니 좋은 소리도 못 듣는다 하시며 속상해하셨지만, 그럴 때마다 아버지는 사람 도리가 그게 아니라며 마음을 추스르셨다.

아버지는 온유한 분이다. 가끔씩 부드러움 속에 감췄던 분노를 매섭게 표출하기도 했지만 아버지의 기질 자체는 불보다는 물에 가깝다. 할머니 말씀을 한 번도 거역하지 않았던 일, 맏이 노릇을 제대로 하지 못했던 형에 대한 끝없는 인내, 남들이 머슴으로 오해까지 했지만 넓은 종가 논밭을 충실히 관리해주신 일은 존함에 들어가는 순順이라는 한자가 아버지에게 안성맞춤이라는 생각을 들게 만든다.

그러나 아버지의 온유함은 필요한 상황에서도 싫은 소리를 못하는 답답함이 되곤 했다. 칫솔공장을 할 때는 게으름 피우는 직원들을 혼내지 못했고, 자신이 보유한 기술을 벼슬처럼 여기던 기사도 나무라지 못하셨다. 아버지는 돈을 빌려 달라거나 물건을 사달라는 아쉬운 소리도 남에게 하실 줄 몰랐다. 아버지의 온유는 시시때때로 우유부단이 되기도 했고, 맺고 끊는 일이 분명하지 못한 결과를 낳을 때도 있었다. 이에 따라 어쩔 수 없이 해야 할 말을 꺼내야 하는 악역은 자주 어머니 몫이 되었다.

국회의원 후보 기호 추첨 때 있었던 일

아버지는 약한 사람에게 약한 분이다. 강자에게 강하셨던 것까진 모르겠으나 아버지는 분명 약자에겐 한없이 약해지셨다. 동네에서건, 교회에서건, 사업을 할 때건, 정치활동을 할 때건 아버지는 약한 사람을 보면 진심을 다해 그를 도우셨다. 1985년 12대 총선 때 아버지는 신당 돌풍을 일으켰던 신한민주당 선거참모로 활동하셨다. 10대 의원을 하다 신군부가 정권을 잡은 뒤 정치활동 규제에 묶여 있던 김영○ 씨는 해금되자마자 아버지를 찾아와 도움을 요청했다. 아버지는 10대 때에 이어 조직부장으로서 그의 압승을 도왔다.

그때 이런 일이 있었다. 당시는 지금과 달리 매 선거 때마다, 그것도 각 선거구마다 추첨을 통해 입후보자들의 기호를 정했다. 강서구 선거관리위원회에 모여 여러 입후보자들의 기호를 추첨하던 중 행사를 진행하던 선거관리위원회 담당 과장이 작은 실수를 했다. 집권여당의 불법적인 지시를 뿌리치지 못해서 그런 것인지, 단순한 실수를 한 것인지 알 수 없으나 추첨용 구슬을 돌리는 과정에서 어색한 행동을 한 것이다.

그러자 야당, 특히 여당 후보와 치열한 접전을 벌이던 신민당 당원들은 여당후보에게 좋은 기호를 주려는 부정행위라고 단정했다. 그리곤 추첨을 중단시킨 뒤 선관위 과장을 에워쌌다. 그 기세에 눌려 여당인 민주정의당 당원들은 도망가기 바빴고, 성난 야당 관계자 수십 명이 직업공무원인 선관위 과장 한 명을 사무실 안에 감금하는 형국이 벌어졌다. 고함과 야유와 욕설이 난무하는 사이, 선관위 과장은 어쩔 줄 몰라 당황하다 급기야 호흡까지 곤란해졌다. 자신을 도와줄 사람들은 모두 자리를 떠나거나 자신이 있는 공간 안으로 들어올 수 없는 상태였기에 충분히 그럴만했다. 이때 아버지는 안쓰러운 그분을 모른 척하지 않으셨다.

"우선은 자초지종을 들어봐야 하는 것 아니냐, 만약 민정당 지시를 따른 것이라고 해도 공무원이 무슨 잘못이냐, 이렇게 수 십 명이 한 사람을 몰아붙이는 것은 지나치다, 설령 문제가 있다고 해도 이만하면 되었으니 상급기관에 가서 주장할 얘기를 준비하자."

동료들에게 이렇게 말하며 아버지는 물 한 컵과 함께 담배를 빌려 봉변을 당하는 그에게 건넸다. 그러자 선관위 과장은 조금씩 평정심을 찾았고 돌발 상황도 수습될 수 있었다. 내 편과 네 편이 엄격히 갈라지는 상황에서도 아버지는 나와 다른 편이라는 이유로 어려움을 당한 상대방을 함부로 대하지 않으셨다.

이 선관위 과장은 바로 나의 친한 초등학교 6학년 같은 반 친구의 부친이시다. 당시는 내가 5학년이었을 때라 친구와는 서로 모르고 있던 사이였는데, 두 분에게 있었던 이 일을 나중에야 각자의 아버지로부터 전해 들었다. 친구네 집에서 뵐 때마다 춘부장께서는 아버지가 아주 점잖고 인정 많으며 언변이 좋으신 분이시라고 말씀하셨다. 그러면서 안부를 전해달라고 하셨고, 나 역시 아버지의 안부를 그 분에게 전했다.

배려는 또 다른 배려로 이어진다

또 하나, 우리 어머니와 이 분의 아내인 내 친구 어머니 사이에도 이야깃거리가 하나 있다. 리어카에 열무를 300단씩 실어 파시던 즈음, 선관위 과장 부인인 친구 어머니는 어머니의 단골이셨다. 어머니가 나타나시면 발산1동사무소 뒤 본인 집 대문 앞에서 편하게 장사를 하시도록 어머니를 도우셨고, 손수 물건을 많이 사는 것은 물론 이웃들에게도 물건을 사라고 권하셨다고 한다. 우리 어머니는 그 분이 내 친구의 어머니인 것을 아셨지만, 친구 어머니는 채소 장수가 자기 아들 친구의 어머니인 것을 알지 못하셨다. 더군다나 자신의 남편이 곤경에 처했을 때 도움을 주셨던 사람이 이 분의 남편이었던 사실은 전혀 알지 못하셨다.

나는 약자에게 약했던 아버지의 모습을 어여쁘게 보신 하나님께서 친구 어머니에게도 약자에게 약한 마음을 주셨다고 생각한다. 돌발상황이 일어난 선관위 사무실에서는 분명 아버지가 강자였고 친구 아버지가 약자였다. 그러나 아버지는 강자라는 이유로 약자를 홀대하거나 겁박하지 않으셨다. 도리어 선한 사마리아인처럼 곤란을 당한 이웃을 긍휼히 생각하며 상대의 처지를 헤아리셨다.

내발산동 골목에서는 분명 리어카를 끄시는 어머니가 약자였고 마당에 잔디까지 깔린 집주인 친구 어머니가 강자였다. 하지만 친구 어머니 역시 부자의 횡포 대신 넉넉한 마음으로 어머니를 도우셨다. 하나님께서는 아버지가 실천한 약자에 대한 작은 배려를 고스란히 어머니가 받을 수 있도록 역사하셨다. 나아가 아버지와 어머니, 친구의 아버지와 어머니가 주고받으신 걱정 나눔은 또 다른 누군가가 약자를 보듬어주는 일로 이어졌을 것이라 확신한다.

내가 진실로 너희에게 이르노니

너희가 여기 내 형제 중에 지극히 작은 자 하나에게 한 것이

곧 내게 한 것이니라 (마태복음 25:40)

강해질 수밖에 없었던 어머니

어머니는 손이 매우 크시다. 얼마나 손이 큰지 음식을 하시면 보통 실제 필요한 분량의 서너 배 이상씩 만든다. 어머니 사전에 먹다가 음식이 모자라 당황하는 일이란 있을 수 없다. 물론 먹을 것이 늘 모자랐던 시절에는 그러지도 못했겠지만 어머니가 뼛속까지 큰손임은 분명하다. 슈퍼마켓을 하실 땐 항상 콩나물을 너무 많이 담아줘 한 통을 다 팔아도 남는 게 거의 없었다. 어머니가 큰 손이 된 중요한 이유는 한恨과 정情, 그리고 하나님이 허락하신 밑져도 괜찮다는 마음에 있다.

지속되는 궁핍으로 인해 어머니의 가슴에는 한이라는 멍울이 크게 맺혔을 것이다. 이처럼 가난한 설움 때문에 한이 생긴 사람들 상당수는 지독히 인색해지고 자기 것만 챙기게 된다. 제 밥그릇 지키는 일의 중요성을 뼈저리게 깨달았기 때문이다. 그러나 어머니의 한은 넓고 따뜻한 정과 만나 어려워도 나누고, 조금만 여유가 생기면 더 힘든 사람을 위해 베푸는 넉넉함이 되었다.

이렇게 될 수 있었던 이유는 의심의 여지없이 하나님이시다. 하나님은 어머니에게 거저 받은 것을 거저 주는 헤픈 마음을 주셨다. 그리고 이 마음이 어머니의 손을 자꾸자꾸 크게 만들었다. 지금도 어머니는 그 큰손으로 자식들과 형제들과 친지들과 교우들과 이웃들을 섬기신다. 또한 수많은 개척교회의 교역자들과 교인들과 선교사들을 섬기신다. 어머니는 당신의 큰손으로 삶에 지친 많은 분들에게 하늘양식과 땅의 양식을 퍼주고 있다.

어머니는 강한 분이다. 포기할 줄 모르는 강인한 의지는 어머니의 가장 큰 특징이다. 성취욕 강한 외할아버지로부터 물려받은 유전적 요인과 아버지보다 더 험했던 성장 배경이 어머니의 강단을 크게 만들었을 것이다. 그러나 그보다 더 중요한 까닭이 있다. 가족을 위해 어머니는 강하지 않으면 안 되었다. 강해지지 않으면 네 남매를 지킬 수 없었기에 어머니는 거세지셨고 투박해지셨고 단단해지셨다. 어머니마저 강하지 않았다면 우리 집은 어떻게 되었을까? 하나님께서는 고난 가운데서도 어머니를 도가니로 은을 제련하듯 계속 강하게 하셨고, 어머니는 그렇게 얻은 집념과 의지를 발휘해 척박한 삶을 헤쳐 나가셨다.

어머니의 강한 성품은 간혹 다른 사람과 마찰을 일으키기도

했다. 치열할 수밖에 없는 현실이 어머니를 너무 거칠게 만들었기 때문이다. 그러나 어머니라고 강하고 싶지만은 않으셨을 것이다. 아니 어쩌면 어머니는 강인함이라는 갑옷으로 자신의 연약함을 꽁꽁 무장하지 않을 수 없는 현실이 몹시도 싫으셨을 것이다. 그럼에도 불구하고 어머니는 어쩔 수 없이 굳세고 또 굳세게 자식들과 가정을 지켜 내셨다.

어머니는 자존심이 매우 센 분이다. 자식들에 대한 보호본능과 자신에 대한 방어기제가 어머니의 자존심을 필요 이상 증폭했을 것이다. 더불어 어머니는 성격이 급하고 직설적이다. 거세지지 않으면 안 되었기에 어머니는 급해졌고, 또 빙빙 돌아갈 여유가 없었기에 돌직구를 던지게 되었을 것이다. 그러나 나는 어머니가 가진 상당 부분의 자존심은 유익한 자존감이라고 생각한다. 그 자존감의 원천이 다름 아닌 하나님에 대한 믿음이기 때문이다. 지금까지 어머니는 자신의 자존감을 위협하는 수많은 요소들과 직면했다. 허드렛일을 하는 자신을 바라보는 사람들의 차가운 시선, 꿔준 돈을 갚지 않는다고 닦달하는 채권자들의 살기 가득한 눈매, 없이 살면서 욕심 많고 자존심까지 세다고 혀를 차는 주변 사람들의 비아냥거림 ….

그러나 이리 채이고 저리 찢기면서도 어머니는 자신과 자녀들의 자존감을 지켜 내셨다. 그럴 수 있었던 이유는 오직 하나님이셨다. 다른 것은 없어도 어머니에게는 하나님이라는 든든한 배경이 있었다. 자존감의 원천이 하나님이라 굳게 믿으셨던 어머니는 힘들 때마다 하나님의 자녀인 것만으로도 충분히 자부하였고 그 하나님으로 인해 먼지를 털며 넘어진 자리에서 다시 일어서셨다.

기도도 질기게 하시는 어머니

어머니는 질긴 분이다. 어머니는 악착같다. 엉겅퀴보다 더 질긴 어머니는 이 끈기를 언제 어디에서나 발휘하셨다.

어머니는 이 악착같은 끈질김을 교회를 섬길 때도 사용하신다. 어머니에게 적당히 하는 봉사는 없다. 미지근한 믿음도 없다. 하는 둥 마는 둥 흉내만 내는 섬김도 없다. 어머니는 화끈한 분이다. 어머니는 확실히 물보다 불에 가깝다.

어머니는 기도를 할 때도 질기게 하신다. 주실 때까지, 찾아낼 때까지, 열릴 때까지 기도하신다. 하나님께 매달리는 것 외에는 아무런 방법이 없는 상황이 어머니에겐 너무 많았다. 그럴 때마다 어머니는 낙담하지 않으셨다. 그럴수록 어머니는 하나님 앞에 더욱 질긴 분이 되셨다. 그러나 어머니는 자신의 탐욕을 위해 하나님께 조르진 않았다. 어머니는 믿음의 자녀들에게 필요한 것이라면 하나님께서 반드시 주신다는 사실을 분명히 아신다. 거꾸로 필요하지 않고, 주는 것이 나쁠 때는 절대 주시지 않는다는 사실도 아신다.

그랬기에 하나님께서는 어머니의 끈질긴 기도에 언제나 응답하셨다. 때에 따라 하나님께서는 필요한 것은 허락하셨고, 그렇지 않은 것은 허락하지 않으셨다. 나는 사랑이 있는 곳에 기적이 일어난다는 말에 동의한다. 사랑이 가득한 기도가 하나님의 마음을 감동하게 하고, 그것이 하나님이 베풀어 주시는 기적이 된다는 사실을 수 십 번은 경험했다. 하나님께서는 가족과 이웃과 교우들을 향한 사랑이 듬뿍 담긴 어머니의 끈질긴 기도에 응답해 주셨고 지금도 화답해주고 계신다.

구조대원 어머니

강하고 끈질기고 자존심 강한, 그러면서 손이 큰 어머니 역시 밑지는 게 싫지 않았던 분이다. 아버지의 밑짐이 문제해결을 위한 소극적 방편이라면 어머니는 적극적으로 결국에는 밑지는 행동을 하신다. 어머니는 인정이 넘치는 분이다. 다른 사람의 아픔을 그냥 넘기지 못하는 분이다. 어머니는 즐거워하는 자들과 함께 즐거워하고 우는 자들과 함께 우는 분이다.(로마서 12:15) 그리고 이런 성격이 어머니를 자신이 밑져서 다른 사람을 이롭게 하는 분으로 만들었다.

처녀 시절, 어머니는 악취가 코를 찌르는 도림천 부랑인들의 옷과 이불을 가져와 깨끗하게 손빨래를 해다 주셨다. 신정교회에서 주일학교를 섬기실 때는 치마를 걷어 올리고 안양천을 건너와 아낀 뱃삯으로 배고픈 아이들을 섬기셨다. D교회에서도 어머니는 경제적 여유가 있는 분들과도 잘 지내셨지만 짓누르는 삶의 무게를 이겨내는 분들과 더 가까이 지내며 그들을 섬기셨다. 시장에서 닭집을 운영하는 집사님, 그 옆에서 채소를 팔며 젊은 나이에 남편을 잃고 어린 세 딸을 홀로 키우는 집사님, 무거운 리어카를 끌고 언덕을 오르내리며 달걀을 파는 집사님, 폭력 남편에 시달리면서도 믿음을 지키며 다섯 남매를 키우던 집사님, 지방에서 올라와 갖은 설움을 이겨내며 교회 시설을 관리하시던 젊은 집사님…. 이처럼 어려움에 맞서며 살아가는 분들이 부유한 교인들보다 어머니 주위에 더 가까이 있었다.

유유상종이었을 수도 있다. 자신과 비슷한 처지에 있는 사람에게 마음이 끌리기는 어머니도 마찬가지였을 것이다. 그러나 다 그렇지는 않다. 밑지지 않으려고 자기보다 더 잘났다고 생각하는 사람들과 일부러 친해지려는 사람도 많고, 체면 때문에 가진 척하며 자신과 상대방을 기만하는 사람도 많다. 같이 얽히기 싫다며 자기와 비슷한 사람을 도리어 더 멀리하는 사람도 있다.

하지만 어머니의 관심은 언제나 나보다 더 어려운 사람에게 있었다. 이해득실을 따져 유리한 사람과 가까이하지 않으셨다. 밑지는 것을 알지만 더 힘든 사람 곁으로 다가가셨다. E교회를 섬기며 가양동 임대아파트에 사실 때도 마찬가지였다. 서른도 넘은 중증장애인 딸을 돌보는 노부부, 자식들과 뿔뿔이 흩어진 채 침울하게 살아가는 알코올 중독자 남편과 욕쟁이 부인, 한쪽 다리를 잃고 혼자서 두 아들을 키우는 중년 여성…. 어머니 주위에 계신 분들의 표정은 늘 어두웠고 말투는 사나웠다. 이즈음 20대였던 나에게 이런 분들이 풍기는 음산함과 약간의 무례함은 불편함과 불쾌함으로 다가왔다. 어머니 주위에는 왜 항상 이렇게 보탬이 되기는커녕 에너지를 빼앗아가는 사람만 많을까 답답하기도 했다. 가끔은 더 힘든 사람을 통해 '저들보단 내가 낫다' 여기며 스스로 위안을 삼으려고 그러시나 싶기도 했다.

아니었다. 어머니는 구조대원이었다. 어머니는 그게 밑지는 것인 줄 아셨지만 자신의 필요보다 자신을 필요로 하는 사람들에게 마음을 쓰셨다. 어머니는 힘없는 사람들을 돌보는 것이 믿는 자의 마땅한 바임을 아셨다. 어머니는 천대받을 사람은 아무도 없음을, 소홀히 대해도 되는 사람은 한 사람도 없음을 아셨고 또 그대로 실천하셨다. 어머니가 자신보다 행복하다고 생각하는 사람을 시기하지 않는 일에는 실패하실 때가 있었을지 모른다. 그러나 자신보다 불행하다고 생각하는 사람을 얕잡아 보지 않는 일에는 언제나 성공하셨다.

구조대원 어머니는 언제나 생명줄을 열심히 던지셨다. 죽어가는 영혼에게 복음을 전하는 것보다 더 급하고 더 중요한 구조는 없다는 걸 아셨기 때문이다. 삶에 지치고 생활에 짓눌린 이들에게 전해지는 구령救靈의 열정은 결실을 맺었다. 주보에는 어머니가 모셔온 새가족들의 이름이 자주 기재되었다.

가양동 임대아파트는 복도식이었는데 한 층에 집이 열 개씩 있었다. 우리가 살던 8층만해도 이 중 다섯 집이 어머니의 전도로 E교회를 섬기게 되었다. 우리 집 바로 옆엔 중년부부와 10대의 두 아들이 살았다. 어머니는 10평도 되지 않는 작은 집을 신줏단지와 불상 같은 무속용품으로 가득 채운 이들에게도 복음을 전하셨다. 끈질긴 노력 끝에 아내 분이 먼저 교회를 다니기 시작하자 남편 분이 불같이 화를 냈다. 어머니 때문에 가정불화가 생겼기 때문이다. 복도에서 마주치면 엄한 나에게까지 듣기 싫은 소리를 했다. 그러나 어머니는 포기하지 않고 남편 분을 어르고 달래며 이들 가족을 위해 계속 기도하셨다.

그러자 놀라운 일이 벌어졌다. 어느 주일 아침, 남편 분이 스스로 교회 승합차를 타러 나온 것이다. 어머니와 아내 분의 기도를 외면하지 않으신 하나님의 은혜였다. 몇 주 후 어머니는

교구 목사님을 모시고 이 집을 심방했고, 부부와 함께 무속용
품을 모조리 갖고 나와 한강변에서 불태웠다. 얼마 후 아들들
도 믿음을 갖게 되었는데, 지금은 초등학교 교사와 중견기업
간부로 열심히 살아가며 홀로 되신 어머니를 잘 섬기고 있다고
한다.

90년대말 어느 해에는 1년 동안 27명이나 되는 분들을 E교
회로 인도해 그 해 전도왕이 되셨다. 상품으로 금반지를 받은
어머니는 그걸 팔아 모두 감사헌금을 하셨다. 이때 일을 말씀
하시는 어머니는 자랑하려는 게 아니라 전도에 대한 도전이 될
것을 소망하며 이야기한다는 말씀도 덧붙이셨다. 하나님은 힘
들게 살아가는 분들을 구원하시기 위해 그들 옆에 어머니를 가
까이 있게 하셨다. 그들이야말로 누구보다 구조대원이 절박하
게 필요한 분들이었기 때문이다.

죄는 쫓아내지만 죄인은 부르시는 하나님

18세기 프랑스 철학자 루소Jean-Jacques Rousseau의 『참회록Les
Confessions』은 이렇게 시작된다.

나는 전례가 없었던, 그리고 그 누구도 흉내 내지 못할 일을
시작하고 있다. 나는 나의 동료들에게 한 명의 인간을 자연

그대로의 진리 속에 드러내 보이고 싶다. 그 인간은 다름 아닌 나 자신이 될 것이다.

책의 서두에서부터 자신의 삶에 대한 객관화를 호언장담했던 그는 정말 자신의 삶을 실오라기 하나 없이 다 드러냈을까? 그렇지 않다. 루소의 『참회록』은 그가 죽은 뒤 출간되었는데, 후대의 비평가들은 책의 곳곳에 루소의 자기변호가 가득하다고 이야기한다.

부모의 삶에 대해 자식이 쓰고 있는 이 글 역시 마찬가지일 것이다. 모름지기 인간의 본질인 이기심과 방어 본능으로 인해 지금까지 내가 쓴 글에도 부모님에 대한 지나친 긍정의 해석만 도배되어 있음을 안다. 부모님의 삶에 역사하신 하나님을 이야기하려 했지만 은근히 아버지의 실수를 변명하고, 어머니의 과오에 물을 탄 일이 한 두 번이 아님을 잘 안다. 우리 남매들이 장성한 이후 부모님과 연관해 겪었던 여러 경제적 어려움처럼 부모님의 몇몇 이야기는 일부러 이 책에 담지 않거나 느슨히 다루기도 했고, 언급 자체만으로도 여전히 마음을 불편하게 만드는 부모님의 심각한 과오들은 차마 적지 못했다.

분명 부모님도 드문드문 거짓말을 하셨고 어쩌다 다른 사람 흉도 보셨다. 때론 게으름을 피우기도 하셨을 것이고 가끔은 누군가를 죽이고 싶도록 미워하셨을지 모른다. 욕망을 제어하는데 실패한 다음 땅을 치며 후회하신 적도 있을 것이다. 알고 지은 죄도 꽤 많으실 테고, 모르고 지은 죄도 만만치 않을 것이다. 하나님 보시기엔 도토리 키 재기일 뿐, 사람은 누구나 죄인이기 때문이다.

그러나 인간 곧 죄인은 다시 구분된다. 죄를 즐기는 죄인, 인식하지 못하거나 인식하려고 하지 않으며 죄를 짓는 죄인, 그리고 거듭되는 실패에도 불구하고 죄로부터 벗어나려고 발버둥치는 죄인. 이 중에서 부모님은 안간힘을 써서라도 죄를 짓지 않기 위해 노력하는 분들이다. 사실 그리스도의 보혈로 구원받은 우리 모두는 죄를 짓지만 짓지 않으려고 노력하는, 그러다 실패해서 좌절하지만, 그래도 죄를 범하지 않으려고 다시 일어서는 사람들이다.

하나님은 죄는 멀리 하시지만 죄인은 가까이 하신다. 이런 하나님께서 이 글의 주인공이시기에 나는 부모님의 실수를 부정하고 싶거나 감추려는 의도가 아니라 하나님이 주신 자유함으로 부모님의 삶을 이끌어주신 하나님을 이야기하고 있다.

아버지와 어머니의 같은 점과 다른 점
공평하신 하나님은 어떤 사람에게는 완벽하게 좋은 성격을 수시고, 또 다른 사람에겐 나쁜 성격만 잔뜩 주시지 않는다. 물론 성격은 성장환경이나 누구를 만나는가 하는 후천적 요인에 의해 바뀌기 때문에 모든 사람에게는 각자의 성격을 아름답게 가꿔야 할 의무가 있다.

하지만 애초부터 좋은 성격도 없고, 뼛속까지 나쁜 성격도 없다. 개인의 성격은 상대와 상황에 맞게 잘 사용되면 좋은 것이 되지만, 반대의 경우엔 나쁜 것이 된다. 다른 사람의 이야기에 귀를 기울여야 할 때는 경청을 잘하는 것은 장점이지만, 남들의 반대를 무릅써야 할 때 다른 사람 말에 따라가게 되면 이때의 경청은 우유부단한 단점이 된다. 신중해야 할 때 생각이 깊은 건 잘하는 것이지만, 신속히 결단해야 할 때 골똘히 생각하는 것은 그릇된 행동이다.

그래서 사람과 사람이 만날 때 서로 장점을 찾아 더 발전할 수 있도록 도와주고, 단점을 보완해줘야 진정한 협력이 이뤄진다. 그런데 이게 말이 쉽지 참 어려운 일이다. 성령님의 일하심이 없이는 불가능한 일이다. 회사에서도, 친구끼리도, 교회에서도 상대방의 장점을 발견해 그것을 통해 나의 단점을 보완하는 일은 상당한 인내와 양보가 필요하다.

아버지와 어머니도 그러셨을 것이다. 어머니는 평소 자상하지만 가끔씩 내면에 감춰둔 분노를 쏟아내는 아버지로 인해 고생하셨다. 아버지 역시 어머니의 적극성이 때로 공격성으로 변이되어 자신을 향할 때면 참담하기 짝이 없었을 것이다. 어머니는 아버지가 좀 더 명확하게 맺고 끊지 못해 답답하셨을 것이고 그때마다 어머니는 '흐리멍텅'이라는 단어를 활용해 아버지를 몰아세우셨다.

아버지는 속내를 너무 적나라하게 드러내는 어머니로 인해 당황하기도 했을 것이다. 이런 경우 아버지는 좀 더 생각하고 말하라며 어머니에게 싫은 소리를 하셨다. 어머니는 처자식들은 갖은 고생을 시키면서도 품격을 잃지 않으려는 아버지가 참 야속하셨을 것이다. 거꾸로 아버지는 어쩌다 한 번씩이지만 당신의 자존심을 송두리째 위협하는 어머니가 섭섭하셨을 것이다.

하지만 반대의 경우가 훨씬 많았으리라. 아버지의 장점으로 어머니의 단점을 보완하고, 어머니가 가진 강점이 아버지의 약점을 메우는 일이 두 분의 평생에 계속되었을 것이다. 예컨대 너무 빠른 어머니의 속도가 아버지의 신중함으로 제어되고, 정당한 이익마저 빼앗길 위기에 처한 아버지를 어머니가 현명하게 도운 일도 많았을 것이다. 여느 부부처럼 두 분도 숱한 시행착오를 거치셨을 것이다. 하지만 그 과정을 이겨내며 아버지와 어머니는 있는 모습 그대로의 상대방을 인정하고 존중하게 되었고, 또 품어주고 참아주며 살아가고 계신다. 나는 이런 마음의 원천이 나보다 남을 낮게 여기고(빌립보서 2:3), 자신이 대접받고 싶은 대로 남을 대접해야 한다(마태복음 7:12)는 말씀에 있음을 안다. 그리고 그 말씀을 실천할 수 있는 힘은 오직 하나님으로부터 나온다는 사실을 믿어 의심치 않는다.

밑져도 괜찮아

그렇다고 아버지와 어머니의 성격이 정반대는 아닌 것 같다. 두 분에게는 공통점 역시 많다. 그리고 부모님의 여러 가지 공통점은 결국 '밑짐'이라는 단어로 귀결된다.

아버지와 어머니는 밑지면서 살아오셨다. 신앙의 양심상 밑짐을 감내하기도 하셨을 것이다. 때론 성격 탓에 밑졌는데 그걸 굳이 따지지 않고 넘어가 밑지기도 하셨을 것이다. 가끔은 일부러 밑진 적도 있었을 것이다. 어쨌든 결국 부모님은 유진 피터슨Eugene H. Peterson의 지적처럼 밑지지 않기 위해, 자신만을 위해 공공의 유익에 침을 뱉는 이기주의자가 아니셨다.

아버지는 남 좋은 일만 하시는 분이다. 그러니 늘 밑지신다. 숫자 암산은 기가 막히게 잘하시지만, 이해득실 계산은 답답하리만치 못하시는 게 아버지의 방식이다. 친형제 분들과의 관계에서도, 종가를 중심으로 한 가까운 친척들과의 관계에서도, 사업상 교류한 사람들이나 교우들 사이에서도 아버지는 늘 죽을 쒀서 남을 주시는 일을 많이 하셨다. 아버지 자신은 돈을 많이 벌지 못하셨지만 아버지로 인해 돈을 번 사람들은 제법 된다. 돈뿐만이 아니다. 아버지가 정성스럽게 쑨 죽을 먹은 사람 중에는 높은 자리를 차지했던 사람들도 많다.

이런 아버지는 집 밖에서 사람 좋다는 이야기를 아주 많이 들어오셨다. 지금도 마찬가지다. 그러나 밑지기만 하시는 아버지로 인해 우리 가족들은 자주 힘들었다. 아버지는 자식들에게 두 번 쓸 정성을 한 번만 쓰시고 나머지 한 번을 바깥에 쓰셨다. 어렸을 적, 교회에서 만났을 때 아버지가 나를 반갑게 안아 주시거나 말을 걸었던 기억이 별로 없다. 대신 아버지는 살림이 어렵거나 부모님 중 한 분이 안 계시거나 부모님 없이 교회에 나오는 아이들을 많이 챙겨 주셨다. 아버지는 가족에게 한 번 더 쓰면 좋을 관심을 교회든 친척이든 다른 곳에 썼다. 자식들에게 이런 아버지가 때로 야속하기도 했고 서운하기도 했다. 어머니에겐 더욱 그랬을 것이다. 풍족하게 뒷바라지를 해주신다면야 다른 데다 쓰는 이런 마음 씀씀이를 넘어갈 수도 있었겠지만, 궁핍 속에서 지쳐가는 나에게 아버지의 이런 행태는 간혹 위선이나 지나친 자기애로 보일 때도 있었다.

그러나 철이 들면서부터 나는 알게 되었다. 제 식구들도 걱정하지만 남 걱정도 하는 아버지의 이런 모습이 곧 성도의 정체성이란 사실을, 밑지면서 살아가는 아버지가 믿는 사람들의 소명을 묵묵히 따르신 것이라는 것을….

회사생활을 시작한 뒤 얼마 안돼 아버지께 10년도 더 된 1톤 트럭을 사드렸다. 어느날 아버지는 트럭을 타고 어머니와 함께 볼 일이 있어 가양동에 나오셨다. 그런데 어떤 여성 운전자가 아버지 트럭을 박았다. 트럭은 백미러가 깨졌고 상대가 몰던 완전 새 자동차는 오른쪽 펜더fender 위쪽이 크게 찌그러졌다. 출고한 지 며칠 되지 않은 자동차를 몰고 나와 사고를 낸 초보 여성 운전자가 크게 당황하며 사과하자 아버지는 어떻게 하셨을까?

얼마 후 부모님 댁에 가자 트럭 백미러가 검정 전기테이프로 보기 싫게 고정되어 있었다. 가뜩이나 오래된 차가 더 초라해 보였다. 자초지종을 알게 된 내가 아무리 그래도 수리비를 받거나 보험처리를 해야지 왜 그냥 보내셨냐고 하자, 아버지는 "새 자동차에 흠집이 생겼으니 얼마나 속이 상했겠냐. 하도 당황하기에 안쓰러워 보였다. 어차피 오래된 트럭이니 저렇게 타도 된다."는 이야기를 아무렇지도 않게 하셨다.

사실 이런 일은 아버지가 밑진 이야기 축에도 못 낀다. 신혼 시절 큰아버지가 집을 사주신다고 했지만 사양을 하셨다. 가정 문제로 곤란한 형님을 더 걱정하셨기 때문이다. 부동산을 하실 때는 친구분의 대형빌딩을 팔아주신 후 1억 가까이 받아야 할 수수료를 딱 1천만 원만 받으셨다고 한다. 형편이 힘든 친구를 더 염려하셨기 때문이다. 단언컨대 이 분보다 우리 집 형편이 훨씬 어려웠다. 몇 년 전에는 야비한 개 도둑을 신고하거나 혼 쭐내지 않고 그새 강아지랑 정 들었을 테니 잘 키우라고 그냥 보내시기도 했다. 몇 달 전에는 창고 정리를 하신다고 해서 적 잖은 일당을 미리 치르고 도와주실 분을 보내드렸는데 한 시간 도 일을 안 시킨 뒤 터미널까지 데려다 주시며 내 집에 왔는데 그냥 보내 미안하다며 밥값까지 주시기도 했다.

이해가 서로 충돌할 때마다 아버지는 주로 자신이 밑지는 방 법으로 문제를 해결하셨다. 당신보다 더 힘겹게 살아가는 사람 을 대할 때마다 아버지는 기꺼이 손해를 보신다. 나는 아버지 의 이런 행동을 완전히 이해할 수는 없지만 온전히 존중하려고 노력한다. 하나님께서 아버지를 사용하셔서 세상을 좀 더 환하 게 만드는 것이라 믿는다.

밑져서 행복해

밑지는 게 싫기만 하지 않았던 아버지가 돈을 풍성하게 벌어 들이신 적은 별로 없다. 아버지는 예나 지금이나 성실하신 분 이다. 어릴 적부터 수재 소리를 들으신 아버지의 총기聰氣는 아직도 건재하다. 그런데도 아버지는 물질을 잘 취하시지 못했다. 물론 다른 이유들도 있을 것이다. 그러나 아버지가 돈을 잘 벌지 못한 가장 큰 이유는 자기 몫을 챙기실 줄 몰라서였다. 물론 이 말이 모든 부자가 탐욕덩어리라는 말은 아니다. 가난함과 부유함은 여러 변수들이 복잡다단하게 얽히고설켜 만들어진다는 것을 잘 안다. 아버지는 늘 돈보다 다른 것을 더 중요하게 여기셨다. 그것이 믿음일 때도 있었고, 신망일 때도 있었고, 형제 우애나 친구와의 우정이었을 때도 있었다. 그 이유가 무엇이든 아버지는 돈을 맨 앞에 두고 물질에 눈이 희번득 돌아가는 저열한 분은 못 되셨다. 돈보다 더 중요한 것을 위해 기꺼이 밑지는 분이셨다.

물론 그럼에도 불구하고 하나님이 원하셨다면 아버지는 큰 돈을 모았을 것이다. 그러나 하나님은 아버지가 돈을 많이 버는 걸 허락하지 않으셨다. 대신 하나님은 아버지에게 돈이 없어도 행복할 수 있는 비법을 깨닫게 하셨다. 돈이 있어야 행복한 사람이 있는 반면 돈이 없어도 행복한 사람이 있다. 또한 돈이 있는데도 불행한 사람도 있고 돈이 없다는 이유 하나만으로 평생을 불행의 늪에서 허우적대는 사람도 있다. 하나님은 그 중에서 아버지를 돈과 무관하게 행복하도록 도우셨다. 그리고 나 역시 돈의 많고 적음과 아무런 관련 없는 행복, 하나님의 자녀로 살아가는 행복을 누리며 살고 있다.

부모님은 믿짐이란 방법을 통해 세상의 비정함 대신 예수님의 사랑을 경험하게 하시는 분들이다. 상대방이 쓰는 마음보다 더 많은 마음을 그에게 쓰니 믿지지 않을 수 없다. 이 사람 저 사람에게 마음을 쓰느라 부모님의 마음 곡간은 언제나 텅텅 비어 있다. 그러나 크고 작은 믿짐을 통해 부모님은 교회에서, 시장에서, 거리에서, 들판에서, 공원과 밭두렁과 버스 안에서 아직 세상은 살만함을 증명해 오셨다. 나도 아버지와 어머니처럼 조금 믿지더라도 예수님의 사랑을 경험하게 하는 사람으로 살고 싶다.

오병이어의 현장을 생각해보자. 이때 예수님은 언제나 남을 살리고 있었다. 귀신을 쫓아내셨고 각색 병든 사람들을 고치셨다. 제자들 역시 예수님을 좇아 자신과 가족을 돌보는 대신 다른 사람들을 살리는데 눈코 뜰 새 없었다. 그런데 배고픔이라는 실존의 문제에 직면하자 예수님과 제자들은 속수무책이었다. 남을 살리는 일에는 빼어난 역량을 발휘하고 있었지만 정작 한 끼를 해결하지 못하는 처량한 신세였다. 남들에게 쓸 에너지로 먹거리를 만들었다면, 신유의 대가로 곡식과 기름을 받았다면 배부를 수 있었지만 예수님과 제자들은 그러지 않았다.

사실 이 땅에서 살아가신 예수님의 삶 전체는 철저하게 손해

보는 인생, 밑지는 삶이었다. 예수님은 평생 남들 좋은 일만 했는데 그들로부터 온갖 비난과 조롱을 받으셨다. 그럼에도 불구하고 예수님은 다시 그들을 위해 자신의 목을 기꺼이 십자가에 드리우셨다. 사람의 눈으로 볼 때 이보다 밑지는 일은 없다.

이처럼 남을 위해 나의 손해를 감수하는 것, 누군가를 위해 밑져도 괜찮다며 참는 것이 성도의 정체성임은 분명하다. 정의에 위배되지 않는다면, 작은 이익을 놓치지 않기 위해 바둥바둥 거리는 것이 아니라 크든 작든 밑지는 것이 믿음을 가진 우리들이 걸어가야 할 길이다. 그리고 나는 희미하게나마 부모님의 모습을 통해 밑짐으로써 풍요롭게 하는 좁은 길을 다시 한번 되새긴다.

내 앞으로 계산하라

반세기를 훌쩍 넘는 시간 동안 부모님을 통해 복음을 접한 사람은 얼마나 될까? 믿다가 낙심했으나 부모님의 모습을 통해 다시 신앙을 회복한 영혼은 몇 명이나 될까? 상처를 받아 교회를 떠났다가 부모님의 기도와 권면으로 다시 하나님 품에 안긴 분들은 몇 분 정도일까? 아버지와 어머니로 인해 당신들이 섬기신 교회는 더 건강하게 성장했을까? 궁극적으로 부모님의 삶으로 인해 세상은 조금이라도 더 천국의 모습에 가까워졌을까?

사실 이런 걸 셈하는 것 자체가 가당치 않을 것이다. 행여 좋은 결실이 있었더라도 그것은 부모님을 통해 일하신 하나님의 공로이지 부모님의 성과가 아니기 때문이다. 하지만 두 분이 거쳐 오셨고 또 거쳐 가고 계신 삶의 궤적을 통해 조금이라도 하나님의 모습이 투영되고, 예수 그리스도의 향기가 풍기며, 성령의 일하심을 눈곱만큼이라도 도왔던 일이 있었다면 그것으로 하나님께 감사와 찬양을 돌린다.

거꾸로 부모님의 실수로 인해 상처를 받았거나 힘든 일을 겪었던 분도 계실지 모른다. 만약 그런 분이 계시다면 사도 바울이 오네시모를 위해 빌레몬에게 그랬듯, 우리 네 남매가 그분들에게 사죄하고 입으셨던 손해를 계산해드리겠노라 약속한다. 그런 분이 계시다면 진심을 다해 하나님의 위로하심을 기도한다.

그가 만일 네게 불의를 하였거나 네게 빚진 것이 있으면
그것을 내 앞으로 계산하라 (빌레몬서 1:18)

길갈의 열두 돌

하나님께선 요단강을 건넌 이스라엘 백성에게 여호수아를 통해 특별한 명령을 내리신다. 열두 지파 한 사람씩 요단강 속의 돌을 가져다 길갈 강둑에 쌓으라고 하신 것이다.(여호수아 4:4~7)

그 이유는 분명했다. 요단강이 갈라지는 기적을 경험한 세대의 후손들도 하나님의 구원 역사를 기억하도록 하시기 위함이었다. 몇 십 년, 몇 백 년이 지나더라도 후손들이 길갈에 놓인 열두 개의 돌을 볼 때마다 강물을 갈라 조상들을 구원하신 하나님을 잊지 않도록 하시기 위해서였다.

나는 지금 길갈에 열두 돌을 놓는 심정으로 부모님 삶 속 하나님의 은혜를 글로 새기고 있다. 이 글이 열두 돌이 되어 우리 남매와 우리 네 남매가 낳아 기르고 있는 부모님의 열한 명 손주들에게 하나님의 은혜에 대한 기념비가 되리라 확신한다. 글속에 새겨진 하나님의 일하심을 읽으며 3대는 물론 4대, 5대, 그 이상까지 믿음의 전통이 영원히 이어져 하나님을 기쁘시게하고 세상을 이롭게 하는 우리 가족과 후손들이 되기를 기원한다. 더불어 다른 가족들도 부모님의 삶 속에 역사하신 하나님을 기념함으로써 길갈의 열두 돌, 믿음의 기념비를 새기는 일을 실천할 것을 예수 그리스도의 사랑으로 권면한다.

외침

쓸모없는 잡초는 없다.
우리가 그 용도를 알지 못할 뿐이다.
사람도 마찬가지다.
의미 없는 인생은 없다.
누군가의 천로역정 속에 역사하신
전능하신 하나님을
소리 높여 찬양하며 간증한다.

외침

너희 의인들아 여호와를 기뻐하며 즐거워할지어다
마음이 정직한 너희들아 다 즐거이 외칠지어다 _시편 32편 11절

후레자식의 기도

부모님의 삶에 역사하신 하나님의 은혜를 기록하는 지금, 나는 묻어두었던 부끄러운 이야기를 꺼내놓으려 한다. 여전히 그때의 슬픔이 남아있고, 부끄러움을 넘어서는 죄책감이 나를 옥죄고 있다. 하지만 글을 쓰는 과정에서 깨닫게 하신 주의 교훈에 힘입어 말 아래 두었던 33년 전 이야기를 등경 위로 올려놓는다.

가난과 맞서야 했던 성장기 우리 남매에게 구김살이 전혀 생기지 않을 수는 없었다. 친구들의 비싼 옷과 브랜드 신발과 맛있는 반찬까지야 넉살 좋게 참을 수 있었지만 밀리는 등록금처

럼 그렇지 못한 것들도 있었다.

1989년 9월초였다. 고등학교 1학년이던 나는 야간자율학습 시작 전, 친구들과 저녁을 사먹기 위해 분식점에 갔다. 그날따라 학교 가까운 가게마다 자리가 없었다. 하는 수 없이 정문에서 4~5분 더 걸어가 음식점 맨 안쪽 방에 신발을 벗고 들어갔다. 앞장서서 들어간 나는 맨 안쪽 자리에 앉아 있었다. 라면을 주문해놓고 기다리고 있는데 가게 문을 여는 소리가 들리더니 김칫거리를 사라는 소리가 들려왔다. 처음에는 긴가민가했는데 자세히 들어보니 어머니 목소리였다.

내가 앉은 자리에선 출입문 쪽이 보이지 않았기에 내가 움직이지 않는 한 어머니의 모습을 볼 수는 없었다. 처음에는 안 산다고 잘라 말하던 음식점 주인은 잇단 권유에 가격을 물어봤고 어머니는 급기야 배추 몇 포기를 가게 안으로 들여오실 기세였다. 그 순간 나는 하나님께 간절히 기도했다.

"하나님~ 우리 엄마 이 가게에 들어오지 않게 해주세요. 빨리 가게 주인이 배추 안 산다고 하게 해주세요."

어머니가 가게 안으로 들어오셔서 배추를 옮겨놓다 나를 보실까 봐, 그래서 친구들이 우리 엄마가 리어카 장사를 하시는 걸 알게 될까 봐 나는 이런 파렴치한 패륜의 기도를 드렸다. 그러나 하나님은 이 후레자식의 배은망덕한 기도조차 들어주셨고, 어머니는 물건을 팔지 못하고 다른 곳으로 이동하셨다.

지금까지 이 날 분식점에서 어머니가 들어오지 않게 해달라고 기도했던 이 일을 어느 누구에게도 말하지 못했다. 우선은 나의 비겁함과 잘못을 감추고 싶었고, 어머니에게 말씀을 드리면 나의 죄책감은 줄어들지만 어머니의 가슴 쓰라림은 더 커질 것 같다는 생각 때문이었다. 중학교 1학년말 중앙일보 석간을 돌리다 실수를 했다고 보급소에서 손찌검을 당한 일, 고 1 초반 배알이 너덧 겹은 꼴릴 정도로 잘난 척하는 같은 반 부잣집 아들에게 주먹을 휘둘러 고막을 터뜨린 일도 비슷한 이유로 지금까지 가족들에게 이야기한 적이 없다.

그러나 지금 이 글을 쓰고 있는 시점으로부터 몇 달 전, 형 역시 나와 비슷한 경험을 했다는 사실을 알게 되었다. 친구들과 함께 길을 걷던 형이 리어카를 세워 놓고 장사를 하시는 어머니를 피하려고 일부러 돌아갔다는 이야기. 형은 이 일이 있고 30년도 넘게 지나서야 차마 말로는 할 수 없었는지 편지에 적어 어머니에게 그때 일을 사죄했다. 형의 편지 이야기를 나에게 전하시는 어머니는 "너희들 고생시켜 미안하다."는 말씀과 함께 눈시울을 붉히셨다. 나는 그 이야기를 들으면서도 고1 때 분식점에서 있었던 일을 어머니에게 말씀드리지 못했다.

지금 나는 이제야 글을 통해 어머니께 고백한다. 형의 사죄에 용기를 얻어 더욱 큰 목소리로 무릎 꿇고 사죄한다. 나는 그날 어머니 목소리를 듣자마자 '엄마' 하고 반갑게 부르며 뛰쳐 나갔어야 했다. 배추를 팔려는 어머니를 거들어드려야 했다. 이분이 세상에서 가장 훌륭한 우리 엄마라고 친구들에게 자랑했어야 했다. 그리곤 다른 곳으로 가시는 어머니의 리어카를 친구들과 함께 힘껏 밀어드렸어야 했다. 그러나 나는 그러질 못했다. 그러기는커녕 엄마가 가게 안으로 들어오지 말게 해달라는 괘씸하고 되바라진 바람을 무례하다 못해 발칙하게 하나님에게 기도했다.

"오~ 하나님! 오~ 어머니! 못난 아들을 용서해주세요."

다시 생각해보니 형의 뒤를 이어서야 이런 참회를 하게 된 연유엔 나의 비겁함 외에 다른 사정이 없다. 이 말로 포장하고 저 말로 돌려봤지만 결국에 난 치졸하고 못난 겁쟁이 중에 겁쟁이였던 거다.

베드로의 부인, 막내의 부인

30년이 더 지난 이 일을 회상하며 베드로의 부인否認을 떠올린다. 예수님이 새벽닭이 울기 전에 세 번이나 나를 부인할 것이라고 말씀하시자 나를 뭐로 보느냐고 화를 냈던 베드로. 예수님 말씀대로 세 번씩이나 부인한 뒤 남 몰래 담벼락에 기대어 흐느끼던 베드로. 어머니에게 난 베드로보다 더 옹졸하고 더 치사하고 더 비겁하고 더 야비하고 더 볼품없고 더 몹쓸 아들이었다. 제자들과 마지막 저녁을 드시며 예수님이 베드로에게 말씀하셨다.

시몬아, 시몬아, 보라 사탄이 너희들 밀 까부르듯 하려고 요구하였으나 그러나 내가 너를 위하여 네 믿음이 떨어지지 않기를 기도하였노니 너는 돌이킨 후에 내 형제를 굳게 하라 (누가복음 22:31~32)

그러자 베드로가 모가지에 핏대를 세우며 대답했다.

그가 말하되 주여 내가 주와 함께 옥에도, 죽는 데에도 가기를 각오하였나이다(누가복음 22:33)

이 말을 들은 예수님이 말씀하셨다.

이르시되 베드로야 내가 네게 말하노니 오늘 닭 울기 전에 네가 세 번 나를 모른다고 부인하리라 하시니라(누가복음 22:34)

예수님은 모든 것을 알고 계셨다. 사탄이 베드로를 밀 까부르듯 농락할 것을 알고 계셨고, 그로 인해 베드로가 믿음을 포기할 지경에 이를 것도 아셨다. 반면 베드로는 아무 것도 모르고 있었다. 자신의 믿음이 순식간에 얼마나 처참하게 무너질지 몰랐고, 불과 몇 시간 동안 예수님을 연거푸 부인하게 될 줄 까마득하게 모르고 있었다.

베드로에게 네가 나를 세 번 부인할 거라는 이야기를 하실 때 예수님의 말투는 어땠을까? 아무 것도 모르면서 아는 척하지 말라며 핀잔을 주셨을까? 허세 부리지 마라 무안을 주셨을까? 서운한 감정을 피할 수 없어 비아냥거리셨을까? 아니면 싸늘한 표정으로 '내 말 똑똑히 들어!' 하고 호통을 치셨을까?

아니다. 예수님은 절대 그러실 분이 아니다. 예수님은 자신이 잡혀가면 베드로는 어떻게 하나 걱정하셨을 것이다. 자신이 굴욕을 당하면 베드로가 얼마나 창피할까 시름하셨을 것이다. 자신이 십자가를 지면 베드로와 제자들이 믿음의 끈을 놓칠세라 노심초사하셨을 것이다. 죽음 앞에서도 예수님은 분명 자신이 아닌 베드로를 더 걱정하셨을 것이다. 고난의 순간을 앞두셨던 예수님은 찢어지는 가슴을 부여잡으며 베드로에게 이렇게 말씀하셨을 것이다.

"네가 충격 받을까 봐 미리 말해주는 거니까 두려워하거나 오해하지 말고 잘 들어주렴. 네가 날 부인하게 될 거야. 그래도 나는 괜찮아. 너도 어쩔 수 없을 테니까. 그랬다고 주눅 들지 마. 절대 믿음을 포기해선 안 돼! 나도 서운해 하지 않을게. 네가 그럴 수밖에 없었다는 걸 나도 잘 아니까. 그러니 우리 둘 다 힘내자! 반드시 다시 돌이켜야 해! 그리고 다른 사람들에게 힘을 줘야 해! 너를 끝까지 응원하며 너를 위해 피땀으로 기도하마."

거리에서 만난 자신을 피했던 일을 고백하며 용서를 구하는 형에게 어머니도 '너에게 실망이다. 내가 누구 때문에 그렇게 고생했는데 어떻게 엄마한테 그럴 수 있었니?'하고 말씀하시지 않으셨다. 대신 어머니는 이렇게 말씀하셨다.

"우리 아들! 엄마가 고생시켜 정말 미안하다. 못 입히고 못 먹인 것도 미안한데, 마음고생까지 시켜서 정말 미안하다."

말씀을 붙잡고 다시 일어서다

아무 잘못이 없는데 어머니가 미안하다고 하신다. 죽도록 고생만 해놓고 자식들에게 미안하다 하신다. 남김없이 사랑해주시고선 더 주지 못해 미안하다 하신다. 오직 자식들을 위해서 고통과 업신여김을 무릅쓰신 어머니, 그런 어머니를 피하고 모른 척한 자식을 꾸짖거나 팔자를 탓하며 체념하지 않으시고 도리어 고생시켜 미안하다고 말씀하시는 어머니. 부활하신 예수님도 무덤가에서, 엠마오에서, 디베랴에서 베드로와 제자들을 다시 만나셨을 때 '내가 없는 동안 많이 힘들고 무서웠지? 고생시켜 미안하다.'고 하시지 않았을까?

베드로를 통해 나를 보듯 어머니의 모습을 통해 예수님을 본다. 고생시켜 미안하다고 말씀하시는 어머니의 음성을 통해 죄인의 괴수 같은 나까지 용서하신 예수님의 긍휼하심을 느낀다. 더불어 '돌이킨 후에 내 형제를 굳게 하라'는 예수님의 말씀을 의지해 다시 한 번 힘을 낸다. 어머니를 통해 예수님이 주시는 '주눅 들지 마라, 다시 일어서라, 끝까지 믿음을 부여잡아라!' 하시는 말씀을 목 놓아 외친다.

하나님을 보여주신 이웃들

외쳐야 할 이야기가 더 있다. 이번에는 부끄러운 이야기가 아니라 고마운 분들에 대한 감사의 고백이다. 부모님의 삶 가운데 작은 예수가 되어주셨던 분들의 아름다운 이야기를 소리 내어 외쳐본다.

하나님의 은혜는 많은 경우 주위의 누군가를 통해 다가온다. 가족일 수도 있고, 친구일 수도 있고, 교우일 수도 있다. 때론 별로 친하지 않은 사람이나 생면부지의 행인일 때도 있다. 지금까지 인생을 살아오면서 나에게 하나님의 은혜를 전해준 사람들은 어떤 분들이 있었을까? 부모님에게 자신의 모습을 통해 예수님을 보여주셨던 참 감사한 분들은 누구일까? "물론 가족들이지." 답하시는 부모님에게 가족 외에 다른 분들을 말씀해달라고 하자 아버지와 어머니는 고마운 분들의 이야기를 들려주셨다.

아버지는 가장 먼저 고故 최상식 목사님이라고 주저 없이 말씀하셨다. 청년기 아버지에게 신앙의 롤 모델이었던 최 목사님은 그 이후에도 아버지의 믿음을 지켜준 버팀목이셨다. 할머니가 오랫동안 누워계실 때 최 목사님은 출석교인도 아닌 할머니를 위해 거의 매일 심방을 오셨다. 신정교회를 담임하실 때는 목사님 동생들도 은행정에 함께 기거하셨는데, 최 목사님은 형제 우애나 가족의 예의범절에서도 좋은 모범을 많이 보이셨다고 한다. 사역지를 옮기신 뒤에도 최 목사님과 아버지의 교제는 계속되었다. 아버지는 동대문 초원교회를 섬기실 때도 최 목사님을 찾아가 집안일을 거들어 드리셨다.

주변을 돌아보면 저렇게 예수 믿느니 차라리 믿지 않는 게 낫다고 하는 사람도 있고, 입으로는 예수님을 이야기하지만 머리와 가슴 속에는 예수님이 안 계신 것처럼 보이는 사람들도 많다. 나도 누군가에게 그렇게 보일 수 있음을 항상 경계한다.

거꾸로 누군가로부터 "당신이 제 믿음의 롤모델입니다."라는 말을 듣는 일만큼 감격스러운 일이 있을까? 나의 작은 행동과 말 한 마디로 믿음의 모범을 보여줄 수 있다면 얼마나 뿌듯할까? 최 목사님이 아버지에게 그런 존재가 되셨던 것처럼, 아버지도 누군가에게는 신앙의 롤모델이 되었으리라 믿는다. 또한 부족하고 비천한 나 역시 롤모델은 못되더라도 누군가가 믿음을 지피는데 작은 불쏘시개라도 되길 소망한다.

진산○ 장로님도 아버지가 꼽으신 고마운 분들 중 한 명이다. 아버지가 자신보다 두세 살 위 진 장로님을 처음 만난 건 1978년 10대 국회의원 선거캠프에서였다. 이후 두 분은 오랫동안 정치활동도 함께하셨고 사업도 함께하시며 우정을 다지셨다. 아버지가 강화로 들어오시게 된 것도 진 장로님과 관련된다. 아버지는 어려울 때마다 진 장로님이 변함없이 도움을 주셨던 일을 기억하며 감사의 말씀을 전하셨다. 진 장로님은 이 모양 저 모양 아버지와 우리 가족을 도우셨다. 물론 아버지도 또 다른 형태로 친구 분을 도우셨을 것이다. 두 분의 우정이 오랫동안 돈독할 수 있었던 것 역시 아버지와 진 장로님이 똑같이 하나님을 바라보셨기에 가능했다고 믿는다.

전우○ 사장도 아버지가 잊지 못하는 고마운 분이다. 타조 사육을 위해 강화로 오신 아버지는 2~3년 후 타조 기르는 일을 포기해야 했다. 수지타산이 맞지 않아서였다. 불가피하게 공동 투자했던 진 장로님은 일을 정리하셨고, 다시 서울로 돌아오기도 애매했던 아버지는 강화에서 방법을 찾으셔야 했다. 바로 그때 하나님은 전 사장을 통해 도움의 손길을 펼치셨다. 아버지와는 고작해야 한 두 해 동안 열댓 번 정도 만난 사이였지만 그는 본인 소유의 넓은 땅을 아버지에게 조건 없이 빌려주셨다. 또한 농사를 짓고 가축을 기를 수 있도록 또 다른 도움도 주셨다.

오랫동안 알고 지낸 사이면 모를까, 아무리 아버지의 인품에 믿음이 갔더라도 쉽지 않은 일이었을 것이다. 이런 뜻밖의 호의는 60대 아버지에게 큰 도움이 되었고 이후 황혼기를 강화에서 정착할 수 있는 큰 힘이 되었다. 살다 보면 수 십 년을 알고 지내지만 믿음도 안 가고 정도 가지 않는 사람이 있다. 거꾸로 몇 번 만나지 않았는데도 신뢰가 가고 무언가를 해주고 싶은 사람도 있다.

전 사장에게는 알고 지낸 기간과 상관없이 아버지를 돕고 싶은 마음이 생겼다. 그리고 그 마음을 주신 이는 다름 아닌 하나님이셨으리라 믿는다. 나 역시 교류의 시간을 떠나 도움이 요긴한 누군가에게 도움의 손길을 뻗는 사람이 되고 싶다. 연약한 손길일지라도 하나님의 강하고 굳센 힘을 전하고 싶다.

고마운 연탄재

어머니가 일생을 돌아보실 때 가장 고마웠던 분들은 누구실까? 어머니는 먼저 사촌동서인 종남 할머니를 떠올리셨다. 어머니보다 서른 살 정도 많으셨던 이 분 남편은 부모님이 결혼하신 직후 돌아가셨다. 얼마 후 아버지가 입대했다. 종남 할머니는 자신 역시 남편을 잃은 슬픔에서 벗어나지 못하고 있었지만, 혼자 갓난아기를 키우는 어머니를 여러모로 도와주셨다. 어머니가 신정시장에서 생선 장사를 하실 무렵에 한 번은 너무 바빠 끼니도 거르며 일하고 계셨는데, 어디선가 종남 할머니가 '짠'하고 나타나셔서 찐 옥수수를 건네 주셨다. 어머니는 그때 드신 옥수수 맛을 지금도 못 잊는다고 하신다. 그 안에 담겨 있던 인정까지 드셨기 때문이리라. 내가 초등학교 저학년 때까지 명절마다 부모님은 형과 나를 종남 할머니에게 보내셨다. 당백모堂伯母에게 인사를 보내신 건데, 돌이켜보면 부모님은 두 아들의 방문을 통해 고마움에 대한 답례를 하시고자 했던 것 같다.

어머니가 꼽으신 고마운 얼굴 중에는 아버지의 사촌 누이 김남○ 권사님도 있다. 어머니에겐 사촌 시누이, 나에겐 당고 모이신 분이다. 고마운 분들을 여쭤보자 어머니는 세 명 중 두 분이나 시댁 식구들 중에서 꼽으셨다. 아버지 중부仲父의 외동딸 김 권사님은 조실부모 후 외지로 시집을 가셨다가 30대 후반 은행정으로 돌아오셨다. 그때는 부모님이 D교회에서 열심을 다하시던 때였다. 부모님의 권유로 D교회에 합류하셨고 지금까지 50년 가까이 교회를 섬기고 계신다. 차분하고 진중하신 김 권사님도 그때부터 지금까지 어머니에게 한없이 고마운 분으로 자리하고 있다.

숙희 엄마. 어머니가 평생을 돌아볼 때 고맙다고 생각하시는 또 다른 한 분이다. 어머니는 이 분의 본명을 기억하지 못하고 계셨다. 아마 두 분은 서로 본명을 주고받기 힘든 상황과 장소에서 만났다가 헤어지셨을 것이다. 숙희 엄마는 발산동에서 리어카로 채소장사를 하실 때 어머니를 많이 도와주신 분이다. 이 분도 어머니처럼 여러 가지 일을 하셨던 것 같다. 기억을 더듬어 내가 "발산초등학교 밑 포장마차에서 떡볶이 장사를 하셨던 분 아니시냐?"고 여쭙자 어머니도 "네가 기억하는 분이 맞다."며 반색하셨다.

숙희 엄마는 어머니보다 몇 살 더 젊으셨다. 마음 씀씀이가 바르고 고와 어머니를 많이 도와주셨다. 땡볕이 찌는 여름날에는 어머니에게 서늘한 그늘과 시원한 냉수를, 추운 겨울날에는 냉기 가신 포장마차 의자에 앉은 어머니에게 따뜻한 어묵국물을 대접하셨다. 그 분의 도움으로 어머니는 숨을 돌리실 수 있었고, 꽁꽁 얼었던 손을 잠시나마 녹일 수 있었다. 숙희 엄마는 어머니에게 분명 따뜻한 연탄재 같은 분이셨다.

나는 누군가에게 고마운 사람으로 기억될까? 행여 고마운 사람 중 한 명으로 나를 기억하는 누군가가 있을까? 고마운 사람으로 기억되는 것보다 더 확실히 예수님의 사랑을 증명하는 방법은 없을 것이다. 부모님이 마음속에 간직하고 계신 고마운 분들을 통해 나를 돌아보며 다시 한 번 누군가에게 고마운 사람, 누군가에게 예수님의 모습을 어렴풋하게라도 보여주는 사람이 되어야겠다고 다짐한다.

숙희 엄마, 김남○ 권사님, 오래 전 고인이 되신 종남 할머니. 또한 전우○ 사장과 진산○ 장로님과 고故 최상식 목사님. 인생의 어떤 순간이었든지, 아버지와 어머니와 우리 가족을 위해 기도해주시고 협력해주시고 영과 육의 도움을 주신 이 분들에게 다시 한 번 감사의 말씀을 드린다. 또한 이 책에 담지 못했지만 축복의 통로가 되어 하나님의 한량없는 은혜를 부모님에게 전달해주신 모든 분들에게 머리 숙여 감사의 말씀을 드린다.

슬퍼할 줄 알아야 사랑할 수 있다

슬퍼할 수 있음은 복이다. 다른 사람의 슬픔을 나의 슬픔으로 느낄 수 있음은 복이다. 나아가 나의 슬픔을 슬퍼하는 것으로 그치는 것이 아니라, 남의 슬픔까지 슬퍼하는 사랑의 도구로 활용하는 것은 믿는 자의 행복한 특권이자 숭고한 의무이다.

예수님은 우리들의 슬픔을 함께 슬퍼하신다. 그리고 그 슬픔을 우리에게도 허락하신다. 슬퍼할 수 있음에 공감할 수 있고, 슬퍼할 수 있음에 사랑할 수 있고, 슬퍼할 수 있음에 천국의 소망을 더욱 간절하게 품을 수 있다. 그렇기 때문에 함께 슬퍼하는 것은 어찌 보면 가장 꼭대기에 있는 사랑일지도 모른다.

'모든 애가哀歌는 연가戀歌이다.'

슬픈 노래는 모두 그리움의 노래라는 이 말은 니콜라스 월터스토프Nicholas Wolterstorff의 『나는 사랑하는 아들을 잃었습니다』라는 책에 나온다. 이 책은 아들이 죽었다는 소식의 전화를 받은 순간부터 아들과 이별한 딱 1년 뒤 아들의 묘를 찾아가는 날까지 아버지로서 겪은 경험들과 정서의 변화를 담고 있다. 저자는 고통의 상처는 사라지는 것이 아니므로 그 상처를 안고 살아가는 방법을 배워야 한다고 말한다. 사랑했던 만큼 슬퍼하는 것은 당연한 것이고, 슬퍼하는 것은 사랑의 증거가 되기 때문에 모든 애가는 연가라고 이야기한다.

하지만 두 분은 자신의 슬픔을 슬퍼하기만 하는 자기연민의 사람들이 아니었다. 자신의 슬픔으로 다른 사람들의 아픔을 함께 슬퍼하셨고, 자신의 슬픔으로 사랑의 노래를 부르셨다. 아버지와 어머니는 슬퍼할 수 있는 분이었기에 하나님이 주시는 진짜 행복을 누리셨고, 또 누리시고 있다.

부모님의 인생에 슬픔이 가신 적은 없다. 두 분의 삶은 언제나 겨울이었다. 아버지와 어머니의 인생 가운데 가을처럼 수확이 풍성한 때는 없었다. 여름처럼 짜릿하고 강렬한 기쁨이 있었던 때도 별로 없었다. 봄처럼 포근하고 화창한 나날들은 더더욱 없었다. 사람의 눈으로 볼 때는 그렇다. 하지만 부모님의 겨울에 언제나 눈보라가 몰아친 것은 아니다. 엄동설한일지라도 어떤 날은 겨울이 맞나 싶을 정도로 따뜻했고, 어떤 날은 볕이 마냥 따사롭기도 했다. 또 어떤 날은 함박눈이 내려 신이 나기도 했다. 봄과 여름과 가을에만 계신 것이 아니라 겨울에도 여전히 계신 하나님께서는 평생을 겨울로 살아가는 부모님에게 봄처럼 따뜻한 마음과 여름처럼 뜨거운 믿음과 가을처럼 넉넉한 나눔을 허락하셨다. 그래서 매섭고 서러운 추위 속에서도 부모님은 편안하지는 않으나 진정한 평안을 맘껏 누리실 수 있었다.

좋은 점을 바라볼 수 있는 눈

　나이를 먹을수록 뼈저리게 느끼는 것 중 하나가 역시 피는 못 속인다는 사실이다. 커가는 아이들과 나를 비교할 때도 그렇고, 머리 숱이 줄어드는 나를 부모님과 견주어 볼 때도 그렇다. 말투와 걸음걸이, 식성과 생활습관, 사고방식과 가치관, 심지어 외모까지 해를 거듭할수록 점점 부모님과 닮아가는 나를 발견한다. 그 중에는 잘 되었다 싶은 점도 있다. 아버지의 멋진 특성, 어머니의 훌륭한 성향이 나에게 더 뚜렷해지니 기뻐하지 않을 수 없다. 그러나 그 중에는 못마땅한 점도 많이 있기 마련이다. 평생 안타깝고 지우고 싶은 부모님의 아름답지 못한 모습이 내 안에서 발견되면 우선은 나에게 실망하게 되고 곧 이어 부모님을 원망하게 된다.

　아이들을 다정하게 대하며 즐거운 시간을 보낼 때는 아버지에게 감사하지만, 파렴치한 행동을 하는 사람들에게 끓어오르는 분노를 소란스럽게 표출한 뒤에는 아버지 닮아서 또 그랬다며 탓을 돌린다. 하루 종일 구슬땀을 흘리며 보람을 느낄 때는 어머니에게 한없이 고맙지만, 알아주는 사람도 없는데 왜 이런 고생을 사서 하나 싶은 쓸쓸함이 몰려오면 나도 모르게 어머니처럼 살고 있다는 생각에 마음이 어수선해진다. 나에게 있는 부모님의 단점이 형과 누나들에겐 없어 보일 때도 그렇고, 나에게 없는 아버지와 어머니의 장점을 누이들과 형에게서만 발견할 때도 그렇다. 큰누이의 친절함이 그렇고, 작은누이의 섬세함이 그렇고, 형의 성실함이 그렇다.

비슷한 이유에서인지 주변 사람들과 속 깊은 이야기를 나누다 보면 부모와의 관계가 원만하지 못한 사람들이 꽤나 많다는 사실에 놀라게 된다. 지나치게 엄격했던 아버지에 대한 원망을 평생토록 품고 있는 아들, 가정에 소홀했던 아버지를 이제 머리로는 이해할 수 있으나 여전히 가슴으로는 안지 못하는 딸, 어머니가 자신의 위신을 세워주지 않아 내가 지금 이렇게 초라해졌다는 장남, 남동생만 예뻐하고 자신을 차별해서 모난 성격이 되었다는 딸, 아버지와 어머니의 반복되는 불화가 머리 아파 부모님에 대한 관심을 애써 줄이는 자식들…. 물론 그들의 고민과 아픔을 이해할 수는 있다. 나 또한 드문드문 부모님에 대한 아쉬움이 올라오기 때문이다.

우리 아버지와 어머니 역시 단점이 많은 분들이다. 부모님 역시 수많은 실수와 잘못을 저지르셨고 그 중 어떤 것은 나에게도 하셨을 것이다. 그러나 하나님은 나에게 부모님의 좋은 점에 주목할 수 있는 눈을 허락하셨다.

나의 수많은 단점보다 몇 개 안 되는 장점을 바라봐주시는 하나님은 배은망덕한 나도 부모님의 단점 대신 장점을 바라볼 수 있도록 도우셨다.

나는 기억력이 좋은 편이다. 그러나 뛰어난 기억력이 감사와 만나면 선물이 되지만 불평과 만나면 끔찍한 독배가 된다. 감사하게도 하나님은 나의 기억력을 불평이 아닌 감사와 만날 수 있도록 해주셨다. 부모님이 해주시지 못한 것들보다, 부족하지만 이를 악물고 자식들을 위해 무엇이라도 해주시려고 했던 것들을 기억하게 해주셨다.

뒤늦게 밝히지만 부모님의 고난이 거의 평생 이어졌기에 사회생활을 시작한 뒤에도 우리 남매들의 어려움 역시 계속되었다. 가정을 이루거나 장성한 우리 남매들의 경제가 부모님의 경제와 끊어질 수는 없었고, 이로 인해 적지 않은 시련이 또 다른 형태로 이어졌다. 큰누나네는 아버지의 보일러 사업과 관련해 오랫동안 고초를 겪었고, 작은누나는 음식점 사업 때문에 마음고생을 심하게 치러야 했다. 아버지의 연이은 사업부진으로 형은 남들 모두 부러워하는 대기업을 그만둬야 했고, 나는 고시공부를 하며 운영하던 독서실을 친구에게 어쩔 수 없이 넘겼다. 형은 신용카드를 이리저리 돌려 나의 대학등록금을 마련해줬고, 몇 년 후엔 내가 신용카드를 최대한 활용해 형의 결혼을 도왔다.

하지만 하나님은 부모님과 함께 했던 시간의 고생보다 그 고생을 이겨 나갔던 기억과 그 모든 과정을 도와주신 하나님의 은혜에 집중할 수 있도록 망각과 기억을 교묘하게 교차해 주셨다. 나아가 긍정적인 해석을 할 수 있는 지혜와 배포를 허락해 주셨다. 기억의 소재와 방식은 조금씩 다르지만 누이들과 형에게도 상대방을 이해하고 감사하는 마음을 누르고 흔들어 넘치도록 안겨주셨다. 또한 하나님께서는 우리 남매들의 진학과 취업과 결혼과 가계에도 하나님의 때에 하나님의 방법대로 족한 은혜를 가득 부어 주셨다.

지금까지 부모님과 우리 남매들의 이야기를 읽으며 '이 정도밖에 고생하지 않았으면서 엄살이네.' 하고 생각하는 분도 있을 것이다. 맞다. 나보다, 우리 부모님보다 훨씬 더 험한 고난을 이겨내신 분들도 많을 줄 안다. 거꾸로 '나랑 비슷한 연배 같은데 정말 이렇게 고생했어.'라고 생각하는 분도 있을 수 있다. 그러나 사람은 모두 자신의 경험이란 한계에서 벗어나지 못한다. 사람들은 누구나 자기가 진 십자가가 가장 무겁다고 한다. 나는 이만큼의 경험으로 부모님의 생애를 되돌아보고 있고 그 범위 안에서 하나님의 은혜를 외치고 있다.

부모님과 나 사이 담벽을 허신 하나님

꽃씨 속에 숨어 있는 어머니를 만나려면
들에 나가 먼저 봄이 되어라
꽃씨 속에 숨어 있는 꽃을 보려면
평생 버리지 않았던 칼을 버려라
- 정호승의 '꽃을 보려면' 중에서 -

나에게도 칼이 있었다. 하지만 하나님은 가슴 깊이 숨겨두었던 그 칼이 절대로 간직해선 안 될 것임을 깨닫게 하셨다. 그 칼은 나도 찌르고 부모님도 찌르고 심지어 하나님도 찌르는 위험한 것임을 알게 하셨다. 그리고 마침내 그 칼을 내게서 손수 빼앗아 저 멀리 던져 버리셨다. 육신의 부모는 불완전하지만 하나님은 완전하시다. 완전하신 하나님의 사랑이 결핍할 수밖에 없는 부모님에 대한 나의 사랑을 풍족하게 채우셨다. 완전하신 하나님께서 불완전한 부모님의 부족한 사랑에 대한 나의 아쉬움과 서운함을 받아 주시고 사랑으로 온전하게 해주셨다.

사실 하나님에겐 육신의 부모 역시 그들의 자녀와 똑같이 예쁘고 사랑스러운 당신의 자녀이다. 그러므로 나의 더 큰 잘못을 보지 못하고 부모님의 작은 잘못에서 벗어나지 못하는 일은 나의 부모님이시자 부모님의 아버지 되신 하나님께 큰 죄를 짓는 셈이다. 같은 상황에서 내가 아버지였고 어머니였다면 나는 분명히 더 큰 잘못을 저질렀을 것이다. 더군다나 부모님은 수십 년 동안 나의 잘못을 수없이 용서해 오셨다. 그런 부모님의 잘못과 실수를 용납하지 못한다는 것은 정말 어리석은 몰염치다. 나의 마음이 차디찬 겨울이라면 넝쿨 뒤 구석에 웅크리고 계신 아빠를 만날 수 없다. 황량한 늦가을이어서는 꽃씨 속에 숨어 계신 엄마를 찾을 수 없다. 자녀가 먼저 자신의 마음을 아지랑이 살랑대는 봄날로 만들어야 여러 가지 상처와 딱지로 가려진 부모님의 따뜻함을 찾을 수 있다.

나의 죄로 인해 하나님과 나 사이에 생긴 담을 당신의 죽으심으로 허문 예수님께서는 나와 부모님 사이의 막힌 담도 허셨다. 이 글을 읽는 누군가가 여전히 부모님과 자신 사이를 가로막고 있는 높고 굳건한 담 때문에 고민하고 있다면, 이미 부모님과 시공을 달리 하고 있음에도 불구하고 그 담벼락이 남아있다면, 철옹성 여리고를 무너뜨리셨던 하나님께서 그 견고한 담벼락을 돌 위에 돌 하나도 남김없이 허물어 내리시기를 온 맘다해 기원한다.

나를 꽃 피우기 위해 거름이 되어버린 부모님의 시간은 얼마 남지 않았다.

아버지의 글

모깃불

모깃불 연기되어 모락모락 피어오르면
옹기종기 모여앉아 이야기꽃 피어나네
중천에 떠오른 밝은 달 웃어주니
울창한 숲 나뭇잎들 한들바람에 노래하네

어릴 적, 그러니까 먼 옛날이 되어버린 그날.

여름철 모기가 무척이나 극성을 부리던 날 밤이면, 동네 어른들을 비롯하여 그 자녀들까지, 널따란 마당에 바닥이 거칠거칠한 멍석을 깔고, 그 위에 앉아서 하시던 그 옛날이야기가 무척이나 그리워지는 한 밤이었다.

쑥이랑 보리타작 찌꺼기로 모깃불을 피워놓고, 수로에서 자란 줄풀 베어다가 말려서 널찍하고 크게 만든 부채로 더위를 식혀가면서 하시던 그 옛날이야기들….

지금은 문명의 찌꺼기 공해가 무서워 노래만 남기고 숨어버린 은하수가 그때에는 머리 위에 길게 드리워진 것을 볼 때였다. 그 은하수가 머리 위까지 올라와 펼쳐지면 햇곡식을 먹을 때가 되었구나, 윗말 아무개 둘째딸은 고개 넘어 동네 아무개네 맏며느리로 시집간다더라, 아랫마을 여섯째 막내딸은 뒷집 큰 아들하고 몰래몰래 연애하더니, 서울서 이사 온 부잣집으로 시집가라도 해도 싫다고 하더니, 그 애하고 올 가을(그때는 가을이 결혼 시즌)에 결혼한다더라. 우리는 그날 묵을(단위, 함지박) 쑤어 갈 거야.

한 사람이 이야기하기 시작하더니, 다른 엄마는 우리는 막걸리(단위, 항아리)나 해야지. 그렇게 이야기하다 보면 자연스레 품앗이의 몫이 정해진다. 감주, 떡(인절미나 절편), 국수 등. 오늘날 같은 현금(축의금) 얘기는 하나도 없다.

혼인 이야기가 끝나니 어느새 이야기의 주제는 제삿날이다. 그분이 돌아가시던 날은 비가 많이 왔고, 날씨는 무척이나 무더워 장사 치르라 식구들이 고생했다는 이야기. 그분의 살아생전의 이야기가 자세히 소개되기도 한다. 한 밤이면, 이야기의 주제가 몇 번이나 바뀌는지 모른다.

어린애들은 엄마 무릎에서 잠이 들기 시작한다. 줄풀 부채로 엄마가 부쳐준다. 쌔근쌔근 행복하게 깊은 잠이 든다. 밤이 으

슥하게 깊어지니, 들여다 누워 재워야지, 이야기가 나오니 한 사람 한 사람 일어나 밤인사로 정을 나누고 각기 자기 집으로 들어간다. 아무개네 개가 컹컹 소리내이 짖는다.

오늘 이곳 거제도의 밤은, 은하수는 어디엔가 숨어버렸지만…. 그 옛날 추억은 오늘 피워진 모깃불의 연기처럼 모락모락 피어오르고 그 옛날의 아름다운 이야기들과 이웃의 정겨움은, 오늘 모깃불 앞에서 흥겹게 나누는 이야기 속에서 행복하게 느껴진다. 들어가 자야지.

세월 그리고 인생 후반

야곱이 그 열한 째 아들 요셉이 총리대신이 되어 살고 있는 애굽에 내려가 왕 바로가 "네 나이가 얼마냐?" 물을 때에 대답한 말.

"내 나그네 길의 세월이 백삼십 년이니이다. 내 나이가 얼마 못되니 우리 조상의 길의 연조에 미치지 못하나 험악한 세월을 보았나이다."(창세기 47:9)

얼마 전 고희를 지낸 나의 연수가 야곱의 연수에는 절반 밖에 못 미치나 내가 보낸 세월 역시 험악한 세월이었나 보다. 발걸음이 비뚝거리며 바라봄의 초점이 흐려져 세상 것들을 더 즐겁게 밝게 바라보던 과거들도… 그 속에서도 오늘까지 걸어오게 하신 하나님의 사랑, 그 하나님께서 믿는 자녀들을 위하여 준비해 두신 영원한 장막 사모함이 무척이나 간절하게 바람은 역시 그 세월이 물 같이 흐르매 그렇게 되었기 때문이 아닌가 생각해진다.

이제 나머지 인생. 그 길이가 길든 짧든 좋은 믿음의 유산을 남기기 위한 아름다운 삶이 되어지기를 오늘도 간절히 소망한다. 해바라기가 태양이 떠오를 때부터 지평선 너머로 져버리는 그 시간까지 끈질기게 고개를 기울여 쫓다가 그때까지도 수많은 씨알을 맺음 같이. 나 또한 마지막 그때까지 주를 바라봄이 그랬으면 좋겠다. '주께서 부르시겠고 나는 대답하겠나이다.' 자신 있게 대답했으면 좋겠다.

평생 성경과 책을 놓지 않으며 살아오신 부모님은 가끔씩 직접 글을 쓰기도 하셨다. 두 분의 글쓰기는 주로 몸담으셨던 교회에서 이뤄졌는데, 특히 아버지는 섬기셨던 교회의 다양한 발간물에 여러 글을 기고하셨다. 백방으로 노력했지만 찾지 못한 젊은 시절 글 대신 노년의 아버지가 쓰신 글로 졸필에 마침표를 찍는다. 시작을 그리했던 것처럼….

닫는 글_ 내 삶 속 하나님 자랑

많은 부모님들이 남겨줄 유산이 적어서 걱정합니다. 다른 사람들은 자식들에게 아파트도 사주고, 땅도 물려주는데 나는 마지막까지 자식들에게 해줄 수 있는 게 없다며, 새끼들 힘만 들게 한다며 마음 아파하십니다. 자식들 고생만 시켜서, 남들이 알아줄만한 명예를 얻지 못해서 한숨 쉽니다. 그러면서 몇 십 년을 살아온 자신의 평생을 몽땅 평가 절하합니다. 하지만 절대 그렇지 않습니다. 하나님의 은혜는 모든 사람의 인생 전체를 압도합니다. 하나님의 사랑은 맘몬의 잣대와는 아무런 상관없이 임합니다.

구원 받은 우리가 죄책감에서 헤매는 것이 십자가에 대한 가장 큰 무시와 반항이듯, 남겨줄 유산이 없다고 낙담하는 것은 인생 전체에 역사하신 하나님의 은혜에 대한 부정일 뿐입니다. 하나님이 줄곧 함께 하신 자신의 일생 앞에서 땅을 치며 후회만 한다면, 그 기나긴 시간 동안 자신을 일으키신 하나님 은혜를 철저하게 부인하는 꼴입니다.

나의 삶은 초라해도 초라한 그 속에서 믿음을 남겨주신 하나님은 찬란합니다. 내 인생의 수많은 장면들은 민망하지만 그 장면 뒤에서 일하셨던 하나님의 일하심은 자랑스럽습니다. 나의 인생이 남긴 흔적들은 부끄럽지만 그 흔적에 묻은 하나님의 사랑은 위대합니다. 이것이 바로 내 삶 속에 역사하신 하나님의 은혜를 기념해야 하는 뺄 수도 박을 수도 없는 이유입니다.

자랑하는 자는 주 안에서 자랑할지니라
옳다 인정함을 받는 자는 자기를 칭찬하는 자가 아니요
오직 주께서 칭찬하시는 자니라 (고린도후서 10:17~18)

그렇습니다. 하나님 앞에서 자랑할 수 있는 인생은 없습니다. 우리가 자랑할 수 있는 것은 오직 하나님 밖에 없습니다. 인생 가운데 역사하신 하나님의 은혜 외에는 내세울 것이 없습니다. 물려줄 유산이 몇 천억이든 하나도 없든, 구원 받은 우리에게는 우리 주 예수 그리스도의 십자가 외에 결코 자랑할 것이 없습니다.(갈라디아서 6:14) 그러므로 자랑하는 자는 주 안에서 자랑해야 합니다. 주 안에서 하는 자랑은 물질도, 권력도 아닙니다. 명성이나 탁월한 성취도 아닙니다. 오직 값없이 나를 구원해주신 하나님의 은혜, 쉼 없이 나를 도와주신 하나님의 사랑,

흠 없이 나를 이끌어주신 하나님의 손길을 자랑하는 것이 주 안에서의 자랑입니다.

호랑이는 죽어서 가죽을 남기고 사람은 죽어서 이름을 남긴다는 속담은 믿는 자들에게는 맞지 않습니다. 믿음의 사람들은 죽어서 집도 아니고, 재산도 아니고, 이름도 아닌 믿음만을 남깁니다. 믿음 하나로 충분합니다. 믿음보다 위대한 유산은 없습니다. 더 늦기 전에 자신과 부모님과 가족의 삶 가운데 한결같은 모습으로 나타나셨고, 지금도 나타나고 계신 하나님의 이야기를 남기십시오. 그것을 통해 맘껏 자녀들을 축복하시고 말씀으로 가르치십시오. 하나님을 자랑하십시오. 내 삶을 주관하신 하나님을 자랑함으로써 우리 모두가 잠시 머무는 이 땅을 조금이라도 더 천국의 모습에 가까워지도록 힘쓸 수 있기를 진심으로 기원합니다.

사실 글을 쓰는 과정은 무척 어려웠습니다. 이해 되지 않는 아버지의 지난날과 납득되지 않는 어머니의 옛날에서 매캐한 냄새가 났습니다. 그 옆을 따라다니는 과거의 내게선 훨씬 더 심한 악취가 풍겼습니다. 자리를 피해버릴까 하는 생각이 나의 눈동자를 흔들었고 나의 의지를 꺾었습니다.

하지만 그때마다 하나님께서는 저에게 부모님을 완전히 이해할 수는 없지만 온전히 사랑할 수 있는 마음을 채워주셨습니다. 또한 부모님과 우리 가족 가까이 있던 수많은 사람들을 긍휼의 눈으로 바라볼 수 있는 눈길까지 허락하셨습니다.

믿음을 지키고 이뤄 가시며 고단한 가시밭길을 걸어오신 뒤 하나님의 영광을 위해 당신들의 상처를 기꺼이 드러내신 부모님께 머리 숙여 감사의 예를 표합니다. 하나님께서는 분명히 부모님을 특별한 존재라고 부르시며 두 분의 삶에 대해 잘 살았다는 글귀를 새겨주시리라 확신합니다. 하나님 사랑과 이웃 사랑을 잘했으면 잘 산 것이고, 하나님 사랑과 이웃 사랑에 실패했다면 못 산 것이기 때문입니다.

글을 쓰는 일을 살뜰히 지원해준 사랑하는 아내 홍혜숙 권사와 지은, 종익, 서연 세 남매에게도 사랑을 전합니다. 막내를 이모저모 도운 형님과 두 누님에게도 감사의 메시지를 전합니다. 더불어 믿음을 새롭게 하는 말씀으로 이 글을 쓰는데 소중한 영감을 주신 새물결교회 이정철 목사님과 기도로 도운 교우들, 그리고 지금은 떨어져 있지만 항상 뒤쫓고 있는 '상식이 통하는 목사'에게도 감사의 말씀을 드립니다.

이 글을 통해 부모님께 더 가까이 다가가게 하신 하나님에게 감사합니다. 더불어 하나님께서는 글을 쓰는 작업을 통해 하나님께 더 가까이 다가설 수 있도록 도우셨습니다.

마지막 페이지를 넘기는 여러분도 부모님이라는 개똥쑥의

진짜 향기를 맡을 수 있기를, 그리하여 사람의 인생마다 수 놓인 하나님의 은혜를 더 가까이에서 누리시길 기원합니다. 십자가로 모든 것을 이루신 괴로워서 행복했던 사나이, 개똥쑥 같은 사람들의 천로역정을 돕고 계신 예수님을 목청 높여 찬양합니다.

작업 스케치_ 부모님과 꼬박 하루

라이프니츠Gottfried Wilhelm Leibniz는 공간을 물체와 독립하여 존재하지 않는, 사물과 사물 상호관계의 총체로 보았다. 공간은 사람과 독립하여 존재하지 않는다. 부모님의 공간 역시 부모님과 독립하여 존재하지 않는다. 부모님의 공간은 부모님과 주변 사람들이 만든 관계들의 결과이다. 그 공간에서 하나님은 부모님을 이 모양 저 모양 간섭하고 도우셨다. 따라서 공간을 보면 시간을 볼 수 있다. 시간은 쏜살같이 줄행랑치면서도 공간에 흔적을 남기기 때문이다.

집필을 위해 꼬박 하루 동안 부모님을 모시고 두 분의 흔적이 남은 공간을 돌아봤다. 그때 그곳에서 역사하신 하나님의 은혜를 찾아 나선 것이다.

#1. 오전 7시, 서울 양천구 신정동

부모님의 시간을 향해 시동을 걸었다. 행선지는 강화 고인돌공원 옆 부모님 댁. 60km 가량 달리면 두 분과의 시간 산책을 위한 출발점에 다다른다. 오늘 나는 이른 아침부터 심야까지 꼬박 한나절을 부모님과 함께 할 것이다. 아버지와 어머니를 내 차에 모시고 80여 년 동안 두 분이 거쳐 오신 삶의 장소들을 찾을 것이다. 가능하다면 건물 안까지 들어갈 계획이지만 많은 곳을 밖에서만 봐야 할 것 같다. 아예 자리만 남아 있거나 자리조차 알기 힘든 곳은 흔적이라도 헤아려야 할 것 같다.

#2. 오전 7시 50분, 강화대교

자동차가 강화대교를 건너고 있다. 여기서부터 새로 뚫린 우회도로를 10분 남짓 달리면 읍내를 지나지 않고 곧바로 부모님 댁에 도착한다. 믿음을 가진 우리들은 떡을 떼고 포도주를 마시면서 구속의 은혜에 감사하며 예수님을 기념하는 성찬식을 갖는다. 그러나 예수님을 기념하는 일이 성찬식 때만 이뤄져서는 안 된다. 믿음의 사람들은 예배를 드릴 때도 예수님을 기념해야 하고, 일을 할 때도 예수님을 기념해야 한다. 친구들과 수다를 떨 때도, 엘리베이터에서 얼굴만 아는 이웃을 만날 때도 예수님을 기념해야 한다.

삶을 돌아보는 과정에서도 매우 풍성하고 효과 좋은 방법으로 예수님을 기념할 수 있다. 삶의 순간마다 놓지 않으시는 예수님의 손, 인생의 고비마다 나를 업고 가신 예수님의 등, 작은 성취에 나보다 더 기뻐하시던 예수님의 미소, 쓰디쓴 실패로 자괴하던 나를 다시 일으키셨던 예수님의 음성… 이런 경험들의 기록은 예수님의 은혜를 더 뚜렷하게 기념하는 일이다. 지금 나는 부모님 이야기를 기록해 예수님을 기념하러 길을 나섰다.

#3. 오전 8시, 부근리 고인돌공원

'기록되지 않는 것은 일어나지 않는 것과 마찬가지다.'

초등학교 4학년 무렵, 여고생이었던 큰누나의 연습장 표지에 적혀 있던 박인환의 시 '목마와 숙녀'를 보고 처음 알게 된 버지니아 울프Adelaide

Virginia Woolf가 한 말이다. 지금부터 나는 긴 세월동안 아버지와 어머니에게 일어났던 크고 작은 일들을 기록할 것이다. 그 일들은 지금부터 이뤄질 기록과 상관없이 이미 일어난 실재實在이지만 나의 기록을 통해 다시 일어나게 될 것이다. 만약 기록이 되지 않는다면 그 일들은 이미 한참 전에 일어났던 일들, 아니 일어나지 않은 것과 마찬가지가 될 것이다. 그러나 기록이 되는 순간 그 일들은 모두 지금 이 순간 눈앞에서 다시 펼쳐질 것이다.

그리하여 이 기록들은 꼬마였던 아버지의 손목을 잡아 할아버지가 된 아버지 앞에 데려다 놓을 것이고, 스무 살 청년 아버지와 쉰 살 중년 아버지를 난생 처음 만나게 할 것이다. 또한 아들인 나는 평생 만나지 못했던, 아니 자연법칙에 의해서는 결코 볼 수 없는 청소년기의 어머니와 대면하게 될 것이다.

부모님의 인생이란 시간을 담아냈던 공간들을 돌아보는 회상과 기록의 작업들은 시공을 초월하지 못하는 인간의 굴곡에 대한 더듬거림일 것이다. 나아가 저간의 모든 시간과 공간에 면면히 스며있는 하나님 은혜의 발굴일 것이다. 또한 부모님의 과거가 나의 현재에 어떻게 시간을 뛰어넘어 연결되고 있는지, 나의 이쪽 장소와 멀리 떨어진 부모님의 저쪽 장소들이 어떻게 삼차원의 제약을 뚫고 우리들의 지금 여기now and here에 작용하고 있는지에 대한 단서가 될 것이다. 나는 지금 부모님을 만나러 가고 있다. 나아가 부모님 인생의 매 순간마다 나타나셨던 하나님을 만나러 가고 있다.

#4. 오전 8시 10분, 강화 하점면 장정리

부모님 댁에 도착했다. 뼈저린 회개와 은혜의 각성과 감사의 회상을 기대하며 사뭇 떨리는 마음을 품은 채 시동을 껐다. 강화의 아침 공기는 서울 서쪽 모서리인 우리 동네보다 훨씬 신선했다. 지금 사시는 이 집이 아버지에게는 몇 번째 집이며, 어머니에게는 몇 번째 거처일까? 알 수는 없지만 아마 이 집이 부모님의 마지막 공간이 되리라 생각하며 현관문을 열었다.

아버지는 TV 아침뉴스를 보고 계셨고, 그 옆에선 아들 녀석이 배를 내놓고 자고 있었다. 여름방학을 맞은 세 아이를 이틀 전 부모님 댁에 데려다 놓았는데, 오늘 서울로 나가면서 집으로 데려다 줄 계획이다. 안방으로 들어가자 어머니는 큰딸과 막내딸 사이에서 주무시고 계셨다. 인기척을 느끼자 새벽기도를 다녀온 뒤 이상하게 피곤해서 잠깐 눈을 붙였다며 자리에서 일어나셨다.

잠이 덜 깬 아이들을 깨워 나갈 채비를 시켰다. 오늘은 꼭 내 뜻을 따라주셔야 할 이유와 하루 일정이 적힌 글을 건네며 일 년 중 가장 더운 계절에 온 종일 차로 이동하시게 해드려 죄송하다고 말씀 드렸다. 아버지는 여전히 마지못해 하는 표정이셨지만, 다행히 어머니는 유쾌한 표정으로 외출 준비를 시작하셨다. 어차피 세 녀석을 집에 데려다 놔야 하니 내 차에 두 분이 타시도록 하는 일은 어렵지 않았다. 어머니가 쪄놓은 감자와 옥수수를 차에 싣는 일까지 끝냈다. 집에서 챙겨 온 얼음물과 음료수랑 같이 먹을 훌륭한 주전부리가 될 것이다.

#5. 오전 9시 반, 문수산성 입구

드디어 아버지와 어머니, 우리 집 세 아이까지 탑승을 마친 뒤 삼대 여섯 명이 강화를 출발했다. 자동차가 김포 문수산성 입구를 지나갈 무렵부터 나는 아버지와 어머니의 애틋한 회상을 자극했고, 부모님은 드문드문 아이들의 방해 속에서도 조금씩 입을 떼시기 시작하셨다.

차 안에서 이뤄지는 부모님과의 대화는 다행히 어렵지 않았다. 스마트

폰으로 녹음까지 하는 걸 알게 된 아이들은 나름대로 아빠의 취재를 도와줬고, 손주들이 듣고 있는 걸 의식해서인지 두 분도 나의 질문에 충실히 답해주셨기 때문이다.

#6. 오전 10시 반, 지하철 5호선 신정역

이른 아침 출발했던 우리 집에 도착했다. 아파트 입구로 마중 나온 아내가 부모님께 인사를 드린 후 아이들을 데리고 집으로 들어갔다. 이제 좀 더 밀도 있게 부모님과의 시간 산책을 할 수 있으리라 기대하며 자동차를 운전해 옛 마을 은행정이 있던 자리에 도착했다.

전후좌우 동네는 모두 옛날 집들을 밀어내고 아파트가 들어섰거나 짓고 있었지만 은행정은 우리 가족이 이 동네를 떠났던 1980년대 초와 많이 다르지 않았다. 그때와 그대로인 좁고 구부러진 길을 따라 움직이는 자동차 안에서 부모님은 지난날의 여러 장소들을 충분히 기억하실 수 있었다. 아버지의 생가 터에는 30년은 되어 보이는 빌라가 자리 잡고 있었고, 어머니가 큰누나 손을 잡고 걸어가 작은누나를 업은 채 빨래를 하셨던 웃우물 자리에는 그 이름을 딴 공영주차장이 들어서 있었다. 복진이네 가게, 친구 짱구네, 경덕이네와 종화네 같은 일가들의 집터… 태어난 뒤 40년가량 사신 고향 동네의 익숙한 골목 사이사이를 돌며 아버지는 이 곳 저 곳의 이름을 친근하고 정확하게 대고 계셨다.

#7. 오전 11시, 신정교회 터

부모님과 나는 신정교회가 80년대 초반 없어졌다는 사실을 이미 알고 있었지만 교회가 있던 터라도 보기 위해 신정교회 자리로 자동차 핸들을 돌렸다. 교회만 있던 마을 끝 스산한 언덕에는 오래된 빌라들이 빼곡했다. 두 분은 교회가 있던 정확한 자리가 어디인지 옥신각신 하시면서도 지난날의 순수하고 아름다웠던 추억으로 빠져들고 계셨다.

#8. 정오, 한강대교

다음 행선지는 용산역 TMO. 과거와 현재와 미래가 뒤죽박죽 섞인 대화가 텍스트text는 혼란하지만 컨텍스트context는 짜임새 있게 이어지는 동안, 자동차는 노량진역을 지나 사육신묘 앞을 지나가고 있었다. 두 분의 대화에는 누구나 아는 유명인, 나도 아는 일반인, 또 두 분만 아는 장삼이사張三李四가 출몰했다. 이야기 속에서 수많은 인물들이 나타났다 사라지는 가운데 진입한 한강대교 난간에는 자살을 예방하는 문구들이 적혀 있었다.

아버지와 어머니는 지금까지 자살을 몇 번 생각해보셨을까? 아마 부모님 역시 분명히 적어도 한 번 이상은 죽어버릴까 생각하셨을 것 같다. 그러나 죽을 수 없는 까닭, 죽어서는 안 되는 이유, 살아야만 하는 목적이 분명하셨기에 부모님은 힘겨운 모든 순간을 이겨내시고 지금 내 앞에 따뜻하고 애처로운 모습으로 남아 계신다.

그 이유는 바로 하나님이었을 것이고 우리 네 남매였을 것이다. 살 소망이 끊어질 때마다 부모님은 넋두리를 들어줄 사람 대신 갖은 설움과 피눈물 나는 이야기를 모두 들어주시며 함께 아파하시는 하나님을 찾아 무릎 꿇고 매달려 하소연하셨을 것이다. 의로운 손을 내밀어 살아갈 힘을 다시 주시는 하나님의 은혜가 부모님이 삶을 살아낼 수 있었던 유일한 힘이었으리라 확신한다. 사망의 권세가 부모님을 엄습할 때마다 하나님께서 굳건한 요새가 되어 털끝 하나라도 상하지 않도록 날마다 두 분을 지켜주셨다고 굳게 믿는다.

#9. 오후 12시 반, 용산역

복무하셨던 용산역 부근에 들어서면서부터 아버지의 표정이 갑자기 20대 청년처럼 활기를 띠었다. 아버지 기억 속 모습은 별로 남아 있지 않았지만 그래도 예전과 똑같은 자리에 있는 철도회관과 용사의 집을 보시며 반가워 하셨다. 50년 전엔 용산역 TMO가 길가 단층 건물에 있었지만 지금은 휘황찬란한 역사驛舍 3층에 있었다. 나와 어머니를 제치며 그 안으로 들어가는 아버지의 걸음걸이는 씩씩했고 표정은 당당했다. 그 뒷모습을 보고 있자니 어렸을 때 자주 접했던 '보무步武도 당당한'이란 관용구가 떠올랐다.

#10. 오후 3시, 양남동 구옥舊屋

은행정에서 용산으로 가던 길, 내가 태어나기 서너 해 전까지 우리 가족이 살던 양남동 집터를 난생 처음 들렀다. 오목교를 건너 영등포로터리로 가는 이 영등포로는 내가 예전부터 지금까지 꽤 자주 다니는 길인데, 우리 가족이 살던 집은 이 길 바로 뒷길에 있었다. 영락없이 아주 오래된 동네였다. 앞쪽 큰 길은 물론 뒤편으로도 재개발이 이뤄졌는데 우리 집이 있던 골목과 바로 뒷골목만 시간이 멈춘 듯 했다. 덕분에 아버지는 50년 전 집의 위치를 정확히 기억해내셨다. 놀랍게도 집은 그때와 비슷한 형태였다. 앞쪽에 벽을 쌓아 마당을 건물로 만들고 원래 있던 단층 건물 위로 2층을 올리긴 했지만, 아버지는 이 집을 보자마자 1층 본채는 예전 것이라고 하셨다. 집의 생김새나 상태를 봐도 아버지 말씀이 맞는 것 같다.

이 집에서 젊은 아버지는 매일 이른 아침 군화 끈을 묶으며 출근하셨을 것이고, 더 젊은 어머니는 작은딸을 업은 채 큰딸의 손을 잡고 아버지를 배웅하셨을 것이다. 서너 살 큰누나는 아버지를 향해 앙증맞게 거수경례를 했을 것이고, 포대기 속 작은누나는 그 모습을 보며 더 앙증맞은 웃음을 지었을 것이다. 난생 처음 와본 곳이었지만 금방이라도 낯익은 누군가가 대문을 열며 나올 것 같았다.

#11. 오후 4시, D교회 앞

양남동에서 오목교를 건너 다시 목동으로 건너왔다. 목동아파트 개발이 시작되었던 80년대 초반까지 이 근처엔 안양천 둑을 따라 판잣집이 길게 늘어서 있었다. 그 자리에 생긴 벚꽃 길을 지나 호화로운 백화점과 더 호사스런 아파트가 함께 있는 초고층 건물을 곁눈질하며 목동오거리를 지났다.

조금 더 달린 자동차가 잠시 멈춘 곳은 구 영등포여상 정문 앞의 D교회였다. 교회 바로 옆에 있던 버스 종점 자리에는 대형 음식점이 들어섰고, 건너편 예식장은 일반 빌딩으로 바뀌었지만 교회의 겉모습은 내가 이곳을 떠났던 2000년 여름과 별반 다를 바 없었다.

#12. 오후 4시 반, 양동초등학교 아랫마을

모처럼 찾아온 고향을 둘러보는 동안 아버지는 말수가 많아지셨다. 영등포여상 정문이 있던 곳 앞으로 마차가 다니는 오르막길이 있었고, 그 길을 따라 언덕을 오르면 나오는 양지 바른 곳에 할아버지와 할머니를 비롯한 우리 일가 산소가 있었고, 이곳에 있던 묘들을 신정동이 한창 개발되기 시작하던 1972년에 모두 대부도로 옮겼고….

한참 전 이야기들을 들으며 은행정 윗마을 옹골이 있던 쪽으로 방향을 잡았다. 우리 식구들이 1970년대 후반 살았던 양동초등학교 아랫동네로 가기 위해서다. 111번 버스가 다니던 2차선 도로를 따라가다 좌회전했다. 그러자 또 다른 기억 저 편의 장소가 먼저 나타났다. 우리 식구들이 '약 공장'이라고 부르던 곳이다.

내가 서너 살 때까지 신정단지 셋방에서 살던 우리 가족은 이후 제약회사 부지인 이곳으로 이사했다. 내 기억 가장 멀리에 있는 우리 집이다. 이곳은 서울약품 공장이 있던 자리였는데, 우리 가족은 공장 이전 후 건물만 썰렁하게 남은 블록 건물에서 얼마 동안 살았다.

이 집의 실내에 대한 기억은 별로 남아 있지 않지만 앞마당은 뚜렷하게 기억한다. 집 문을 열면 바로 있는 얕은 경사면에 큰 소나무가 있었다. 아버지는 이 나무에 우리 남매들을 위해 아주 큰 그네를 매달아주셨다. 송충이가 무척 많았던 거기서 재미있게 놀았다. 방 귀퉁이로 난 작은 창문 뒤로는 응골로 들어가는 오솔길이 하나 있었는데 사람들이 가끔 그리 지나가면 방안에서도 발자국 소리가 들렸다. 어느 날 외할머니와 H권사님이 건너편 언덕에서 우리 집 쪽으로 내려오면서 나를 반갑게 부르셨던 기억도 난다.

#13. 오후 5시, 오래된 이층집

자동차를 은행정 이층집으로 몰았다. 양동초등학교 옆 좁은 골목길을 빠져 나와 신정역과 목동역을 잇는 오목로를 잠깐 거쳐 다시 은행정 골목으로 진입했다. 이곳은 구획정리를 하지 않고 옛 길을 그대로 둔 채 옛날 집들만 헐고 그 자리에 빌라를 지었기 때문에 골목이 매우 비좁았다. 이에 따라 궁여지책으로 골목길을 일방통행으로 운영하고 있었다. 길을 따라 돌아가자 우리 식구가 살았던 이층집이 길 왼편으로 나타났다. 바깥 창틀만 바뀌었을 뿐 집은 40여 년 전 그대로였다. 차를 잠깐 세운 뒤 이 집을 보며 이야기를 여쭈려 하자 어머니는 아침부터 지금까지 한 번도 하시지 않던 말씀을 하셨다.

"이런 데를 왜 와? 으이고~ 난 안 갈 거야!"

살았던 동네 곳곳을 돌 때마다 어려웠던 시절을 회상하면서도 '하나님 은혜로 살아왔어'라고 고백하시던 어머니셨는데, 이층집 옆에 차를 세우자 바깥으로 시선도 주시지 않으며 단호한 어조로 얘기하셨다. 섭섭함까지 느껴지는 말투였다.

묻고 싶어도 묻지 못하는 이야기가 있고, 묻어두고 싶어도 묻어두지 못하는 이야기가 있다. 누군가에게는 꺼내고 싶은 이야기가 다른 누군가에겐 계속 감추고 싶은 화제일 수 있고, 남들은 이제 다 나았다고 여기는 상처가 당사자에게는 여전히 몹시도 아픈 현재진행형일 때도 많다. 이때 우리 가족에게 닥쳐왔던 큰 시련이 그랬나 보다. 여덟 살 철부지였던 막내에겐 한참 전에 있었던, 그래서 지금은 꺼내서 살펴봐도 될 일이었다. 그러나 어머니에겐 40년도 더 지났지만 여전히 다시 들추고 싶지 않은 상처였던 것이다.

어머니의 목소리가 비명이 되어 내 마음을 짓이겼다. 내가 괜찮으니 어머니도 괜찮겠지 생각한 나의 속 깊지 못함, 어머니의 마음을 헤아리지 못한 나의 살뜰하지 못함에 마음이 쓰려왔다. 사실 지금까지의 팔십 평생 중, 사람의 눈으로 바라볼 때 언제 마음 편한 시간이 있었으랴마는 특히 이때 이곳에서 있었던 일은 두 분 모두에게 아직도 피고름이었던 것이다. 특히 어머니에게는 생각만 해도 몸서리가 쳐질 정도로… 이층집은 가자 말았어야 했음을, 이때 이야기는 묻어둬야 했음을 뒤늦게야 깨달으며 서둘러 골목을 벗어 나왔다.

#14. 오후 5시 반, 신정네거리역

다음 목적지는 발산동이었다. 아버지와 어머니는 조금 피곤한 기색이셨지만 장소와 화제에 따라 두 분과 나의 대화는 긴 멈춤 없이 계속되었다. 좋은 기억이 날 땐 두 분 다 웃으셨지만 나쁜 기억에는 반응이 갈렸다. 씁쓸한 기억이 떠오른 어머니가 이따금씩 타박하시면 아버지는 별다른 변명 없이 다소 힘 빠진 목소리로 나쁜 기억은 지워버리라고 말씀하셨다. 그러면 어머니는 한참 하시던 이야기를 멈춘 뒤 '지난 얘기하면 뭐해!' 하며 단락을 끊으셨다.

또 다른 슬픈 기억을 회상하면서 어머니는 낮은 한숨을 쉬며 다 자신의 잘못이라 말씀하시기도 했다. 그 얘기를 듣는 아버지는 '그때 왜 그랬느냐?' 하고 묻지 않으셨다. 대신 차창 밖을 보면서 '아니야, 당신이 고생많이 했지' 하고 가슴 저 밑에 묻어두었던 말씀을 독백처럼 꺼내셨다.

가끔은 감정이 격해진 어머니의 목소리가 커지기도 했다. 내용상 아버지의 잘못이 명백한 경우로 보일 때 그랬다. 그럴 때마다 아버지는 애꿎은 나에게 뜬금없이 몇 시인지 물어오셨다. 서너 번째 지금 몇 시인지 확인하는 아버지의 질문에 다섯 시쯤 되어간다고 대답하며 은행정과 작별했다.

#15. 오후 6시, 신월 인터체인지

40여 년이 지난 지금. 양계장 자리에는 공원이 생겼고 계단식 논이 있던 터에는 아파트가 생겼다. 이 아파트가 바로 오늘 아침 강화에서 태워온 우리 아이들을 내려준 뒤 정식으로 여정을 시작했던 우리 집이다.

은행정을 빠져 나온 부모님과 나는 이 별장 자리를 들르지 않고 그 다음 살았던 동네인 발산동 쪽으로 방향을 잡았다. 출발 장소이기도 했고 이제 높다란 아파트 단지가 들어서 옛 동네 자취는 손바닥만큼도 남아 있지 않기 때문이었다. 그럼에도 불구하고 달리는 차 안에서 아버지와 어머니는 마흔 전후가 되고 나는 열 살 배기 소년이 되어 이때 이야기들을 이어나갔다.

#16. 오후 6시 반, 발산동 송화시장

까치산 밑으로 뚫린 화곡터널을 지나 발산동까지 왔다. 동네에서 맛으로 소문났던 버스 정류장 앞 곰제과 자리엔 프랜차이즈 빵집이 들어서 있었다. 우리 식구들이 버스를 타기 위해 20분 정도 걸어 나왔던 곳이다. 대형 여성병원이 생긴 초입에만 새 건물들이 조금 생겼을 뿐 우리집으로 들어가는 골목은 우리가 살던 80년대와 별반 다르지 않았다.

내인당약국이나 삼주슈퍼가 있던 상가처럼 그때도 있던 건물들이 꽤나 남아 있는 길을 지나 내발산동이 끝나고 외발산동이 시작되는 지점에 이르렀다. 그러자 여기서부터는 다시 몰라 볼 정도로 변해 있었다. 동네 전체가 마곡지구 끝자락으로 개발되어 길까지 다 바뀐 까닭에 우리집이 있던 자리만 추측할 수 있을 정도였다.

#17. 저녁 7시, 김포한강로

강서면허시험장 앞을 지난 자동차는 얼마 뒤 행주대교 남단을 거쳐 김포한강로로 진입했다. 여기서부터 한 시간 가량을 달려 강화 부모님 댁에 도착하면 아침 일찍 시작된 부모님과의 하루가 일단락될 것이다. 시장기 있는 세 사람은 짱구 과자와 토마토를 나눠 먹었지만 두 분의 말수는 아직도 줄어들지 않았다.

#18. 저녁 8시, 강화 들녘

고인돌 공원을 끼고 우회전을 해서 국도를 빠져 나온 뒤 농로를 탔다. 아침에 두 분을 모시고 출발했던 집이 멀리 보일 무렵, 어머니는 다음날 먹을 잔치 음식까지 완벽하게 준비해놓은 뒤 그 날 새벽 돌아가신 당신 고모처럼 천국에 가시고 싶다는 말씀을 하셨다. 그리고는 한 마디 덧붙이셨다.

"막내야~ 고맙다. 눈물겹도록 고맙다."

눈물을 참느라 '저야말로 눈물겹도록 고맙습니다.' 하고 대꾸도 못한 채 자동차 시동을 껐다. 꼬박 한나절 부모님과 함께 한 시간이 그렇게 끝나가고 있다.

#19. 저녁 8시 반, 부모님댁

부모님과 온종일을 쏘다닌 일이 오늘 말고 또 있었던가? 이른 아침부터 늦은 저녁까지 아버지와 어머니와 내가 도란도란 속 깊은 이야기를 나누는 일은 어쩌면 오늘이 마지막이 될지 모른다. 종일토록 막내아들이 운전하는 차를 타고 이리저리 움직이셨던 게 피곤하셨는지, 아버지는 조금 지친 기색으로 소파에 앉아 다리를 뻗으셨고 어머니는 아예 거실에 드러누웠다. 10여 년 전 이 집을 지을 때 부모님은 방을 두 개만 내는 대신 이 거실을 아주 넓게 빼셨다. 두 분과 네 남매 가족 스무 명이 모두 모여도 넉넉한 공간을 바라셨기 때문이다.

#20. 자정, 신정동 우리집

늦은 밤 한산한 길을 달려 11시쯤 집에 도착했다. 어려운 일을 끝냈다는 뿌듯함과 목욕 직후의 상쾌함을 느끼며 자정 무렵 식탁 겸 책상 앞에 앉았다. 다른 식구들이 모두 잠든 깊은 밤, 작은 소리로 켜놓은 노트북 스피커로 '행복'이라는 제목의 찬양이 흘러나온다.

아버지와 어머니는 행복한 분이시다. 세상이 알 수 없는 하나님의 선물을 받으셨기 때문이다. 진짜와 분간하기 힘든 유사품에 현혹되지 않고 하나님이 허락하신 참된 행복을 깨달아 누리시기 때문이다. 이런 분들의 자녀인 나 역시 행복한 사람이다. 부모님의 삶을 통해 가진 것이 적어도 감사하며, 눈물 날 일 많지만 기도하며, 내게 주신 작은 힘 나눠주며 사는 삶이 행복임을 확신하기 때문이다.

피곤해서 행복했던 하루, 힘들어서 은혜로웠던 하루가 이렇게 끝나 간다.

누군가의 천로역정

초판발행   2023년 2월 10일
지 은 이   김상배
펴 낸 이   류한경
펴 낸 곳   한스북스

출판등록   2011년 11월 15일 제301-2011-205호
주   소   (04627) 서울시 중구 퇴계로 32길 24, 301(예장동, 예장빌딩)
전   화   02) 3273-1247

ISBN 979-11-87317-15-9 03230